古人谈读书

吴尚之 编著

团结出版社
UNITY PRESS

图书在版编目（CIP）数据

古人谈读书 / 吴尚之编著 . -- 北京：团结出版社，
2023.4（2024.1 重印）
　ISBN 978-7-5126-9152-0

　Ⅰ . ①古… Ⅱ . ①吴… Ⅲ . ①读书方法 – 通俗读物
Ⅳ . ① G792-49

中国版本图书馆 CIP 数据核字 (2022) 第 007686 号

出　版：团结出版社
　　　　（北京市东城区东皇城根南街 84 号　邮编：100006）
电　话：（010）65228880　65244790（出版社）
　　　　（010）65238766　85113874　65133603（发行部）
　　　　（010）65133603（邮购）
网　址：http://www.tjpress.com
E-mail：zb65244790@vip.163.com
　　　　tjcbsfxb@163.com（发行部邮购）
经　销：全国新华书店
印　装：三河市东方印刷有限公司

开　本：130mm×210mm　　32 开
印　张：7
字　数：130 千字
版　次：2023 年 4 月　第 1 版
印　次：2024 年 1 月　第 2 次印刷

书　号：978-7-5126-9152-0
定　价：48.00 元
　　　　（版权所属，盗版必究）

自序

中国古代先贤勤奋好学，博览群书，从孔子、老子到孟子、荀子，从董仲舒、韩愈到司马光、朱熹等，皆是读书的典范。韦编三绝、悬梁刺股、囊萤映雪、凿壁偷光等流传至今的许多成语，都是用来形容和描述古人勤学苦读的精神。古代先贤读书治学的成功之道，不仅在于他们勤奋刻苦，还在于他们善于提炼和总结读书的经验与读书的方法。

孔子在《论语》中说："工欲善其事，必先利其器。"读书也如此。苦读书是基础，善读书是关键。要成其事，读出成效，也需要利其"器"。这里所讲的"器"，就是要善于学习和掌握读书的要义和读书的方法。从中国古代先贤的读书观中，我们可以领悟善读书的要义，找到善读书的方法，取得善读书的成效。

中国古代先贤的读书经验和读书方法，是留给我们的一笔宝贵的精神财富，值得我们深入挖掘和整理。2020 年 4 月世界读书日来临之际，全国政协委员读书活动正式启动，组织政协委员多读书、读好书、善读书，努力建设"书香政协"，以"书香政协"促进"书香社会"建设。读书活动启动之后，为推动委员线上线下学习交流，先期开设了 11 个主题读书群，从 2020 年 7 月开始又增设了一个委员读书漫谈群。为了丰富委员读书漫谈群的讨论和交流，我开设了一个读书专栏，即《古人谈读书》。专栏每天早晨向书友们推荐一则文章，每则介绍古代先贤关于读书学习的一个观点或一种主张。每则文章不长，约 400 字，力争做到观点鲜明，简明扼要。我从有关书籍中，收集整理了中国古代部分先贤谈读书治学的一些观点和论述，在此基础上做了一些阐释和点评，谈了自己一些粗浅的学习感悟和体会。读书专栏推出后，得到了委员读书漫谈群书友们的支持和鼓励。我在先期推出的 15 则之中遴选了 10 则，以《古人谈读书十则》为题，于 2021 年 2 月 21 日发表在《人民政协报》上，此后又被《新华文摘》转载于 2021 年第 10 期，受到许多读者朋友的肯定。此后，有些书友建议我将推出的读书专栏文稿整理出版，与更多的读者朋友们分享。

　　在大家的鼓励下，我再次对原文进行了修改和校订，仍然以读书专栏的名字即《古人谈读书》作为书名出版，这样看起来更鲜明，也更通俗。本书共选取 70 位古代先贤关于读书治学、作品赏析的观点和论述，共 121 则，以年代为序编排。分上、中、下三篇：上篇为先秦时期，中篇为汉代至两宋时期，下篇为元明清时期。在收集整理古代先贤关于读书治学观点和论述的过程中，主要参考了曾祥芹、张维坤、黄果泉先生编著、大象出版社出版的《古代阅读论》，杨伯峻先生译注、中华书局出版的《论语译注》《孟子译注》，陈鼓应先生注译、商务印书馆出版的《老子今注今译》《庄子今注今译》，张觉先生今译、湖南人民出版社出版的《荀子》等有关著作，以及《中国大百科全书》（第一版）、《哲学卷》《中国文学卷》《教育卷》等卷，特致谢忱。

在《古人谈读书》即将付梓之际，我要感谢团结出版社社长梁光玉、副社长赵晓丽对本书编辑出版工作的热情支持，感谢两位美术编辑为本书精心创作的插图，感谢各位书友的鼓励和帮助！限于学识，书中可能有不少疏漏和谬误之处，敬请各位读者朋友指教。

是为序。

2021 年 11 月

目 录

上 篇

中　篇

上

篇

孔 子

　　孔子，春秋后期的思想家、教育家，儒学创始人。名丘，字仲尼，世人尊称孔子，春秋鲁国陬邑（今山东曲阜）人。孔子15岁立志求学，通过私人传授，博学诗书礼乐。他是中国第一位大规模创办私学的教育家。在为学读书方面，孔子有不少精彩论述流传至今，影响深远。孔子的思想学说汇集于《论语》之中。《左传》《史记·孔子世家》中有关孔子言行的记载，也可作为了解和研究孔子思想的重要参考。

孔　子：敏而好学，不耻下问

　　孔子在《论语》中，多处谈到为学读书的态度或心态，对我们很有启迪：一是要做到不耻下问。《论语》记载了孔子与子贡的一段对话。子贡问曰："孔文子何以谓之'文'也？"子曰："敏而好学，不耻下问，是以谓之'文'也。"（《论语·公冶长篇第五》）孔子认为，孔文子之所以谥号为"文"，是因为他既聪明灵活、爱好学习，又谦虚下问，不以为耻。其实，孔子自己就是一位为人谦逊的人。《论语·八佾篇第三》记载："子入太庙，每事问。"孔子到了太庙，每件事都要向别人请教。他自己认为，这正是礼的要求。二是要做到学而不厌。子曰："默而识之，学而不厌，诲人不倦，何有于我哉？"（《论语·述而篇第七》）孔子勉励人们为学读书要保持良好的精神状态，努力学习而不厌弃，教诲他人而不疲倦。三是要做到只争朝夕。子曰："朝闻道，夕死可矣。"（《论语·里仁篇第四》）在孔子看来，读书人学习明理要有时间的紧迫感，早晨得知了道理，即使当晚死去也不觉得遗憾。从孔子的论述中，我们可以看到，一个人的学习态度，对于我们的学习成效和读书效果是至关重要的。不耻下问、学而不厌、只争朝夕，这正是我们今天应当大力弘扬的良好学风和传统美德。

孔　子：学而不思则罔，思而不学则殆

　　孔子很重视为学读书的方法，对他的学生总是循循善诱，引导有方。《论语》中记载了孔子关于读书学习方法的许多论述和观点，概括起来主要有以下三点。

　　一是学思结合。子曰："学而不思则罔，思而不学则殆。"（《论语·为政篇第二》）孔子认为，如果只是读书而不思考，就会受欺骗；反之，如果只是空想而不去读书，就会有许多疑惑。

　　二是温故知新。子曰："温故而知新，可以为师矣。"（《论语·为政篇第二》）孔子强调，学习要打牢基础，巩固才能提高。他认为温习旧知识就会有新体会、新发现、新收获。只有做到温故知新，才可以做老师。

　　三是学行相合。子曰："学而时习之，不亦说乎？"（《论语·学而篇第一》）在这里，一般人将"习"解释为"温习"。杨伯峻先生提出，"习"还有"实习""演习"的意思，如"习礼乐""习射"等，如此解释有一定道理。孔子提出，学习了之后，要用一定的时间去实习它。在孔子看来，学与行相联系，学习与实习相结合，这是一件使人非常高兴的事情。

　　孔子关于为学读书方法的论述和观点，在2500多年后的今天，依然有很强的针对性和现实意义。读书学习，不能好高骛远，务必打好基础，做到温故知新。特别是要做到学思结合，学行相合，既要培养独立思考的能力，也要克服脱离实际的毛病，注重知行合一，以期取得实际成效。

孔　子：古之学者为己，今之学者为人

孔子早在 2500 多年前，就注意到了一个读书学习的风气问题。子曰："古之学者为己，今之学者为人。"（《论语·宪问篇第十四》）孔子认为，古代学习的人，目的是为了涵养自己的道德，提高自己的学问；现在学习的人，目的则是为了装饰自己，给别人看。孔子谈到了两种不同的学风：一种是良好的学风，即"古之学者为己"，为涵养自己道德、提高自己学问而学习；另一种是不良的学风，即"今之学者为人"，为装饰自己、卖弄炫耀而学习。两种学风，既反映了读书人的学习品德，也体现了读书人的学习态度，还影响了读书人的学习成效。孔子谈到的不良学习风气，也许只存在于那个时代部分读书人身上，但这种不良读书风气并没有因时间的流逝而消失。今天的读书人当深以为戒，去掉不良习气，树立良好学风。

孔　子：知之者不如好之者，
好之者不如乐之者

　　孔子在《论语》中谈到了读书人的境界问题。一个人读书学习的成效，与一个人读书学习的境界有着密切的关系。《论语》中提出了读书的三重境界，即知学、好学、乐学。子曰："知之者不如好之者，好之者不如乐之者。"（《论语·雍也篇第六》）在孔子看来，为学读书与做事一样，懂得它的人不如喜爱它的人，喜爱它的人又不如以它为乐的人。由知学，到好学，再到乐学，这就是读书人需要不断提升的三重境界。《论语》则更为深入地讨论了"好学"的问题。何为"好学"？孔子在《论语·学而篇》中谈道："君子食无求饱，居无求安，敏于事而慎于言，就有道而正焉，可谓好学也已。"孔子认为，君子吃不要求饱足，居不要求舒适，做事勤劳敏捷、说话谨慎，到有道的人那里去匡正自己，可以说是好学了。在孔子看来，好学的人首先要有较高的精神追求，不能贪图安逸和享受，不仅要向书本学，还要向有道的人学。孔子的弟子子夏也从另一个角度谈到了好学。子夏在《论语·子张篇第十九》中谈道："日知其所亡，月无忘其所能，可谓好学也已矣。"子夏认为，每天通过学习知道未知的，每月复习所已能的，可以说是好学了。子夏强调好学在于日积月累，巩固提高，这一观点也值得我们借鉴。

孔　子：为学"绝四"

《论语·子罕篇第九》记载："子绝四：毋意，毋必，毋固，毋我。""子绝四"何意？就是指孔子一点也没有这四种毛病，即不凭空猜想，不绝对肯定，不拘泥固执，不为我独是。"子绝四"反映了孔子对人对事的态度，也体现了他为学读书的态度，提醒人们要克服常有的毛病，做到"绝四"。"子绝四"对我们启示良多：读书学习要有一个求实的态度、包容的态度，要下真功夫、苦功夫。特别是对原书、原文，要先通读一遍，耐下心来读懂，了解原著、原文的时代背景、基本素材、基本观点，了解作者的基本意图。如果不好好通读，不认真读懂，一知半解，就凭空猜想，妄下结论，这不是认真读书的应有态度。读书学习要取得好的效果，就要保持一个好心态，客观对待书本，客观对待自己，不固执己见，不自以为是。

孔　子：择善而从，见贤思齐

读书学习不仅仅是向书本学习，还要向他人和社会学习；不仅仅是读有字之书，还要读无字之书。在如何拓展学习方面，孔子为我们提供了途径，开阔了视野。

孔子强调，要择善而从，善于向他人学习。《论语·述而篇第七》记载了孔子的一段怎样向他人学习的名言。子曰："三人行，必有我师焉；择其善者而从之，其不善者而改之。"孔子提倡，要以他人为师，选择他人的优点而学习，看出他人的缺点而改正。在《论语·里仁篇第四》中，也记载了孔子类似的观点。子曰："见贤思齐焉，见不贤而内自省也。"孔子认为，看见贤人，便应该向他看齐；看见不贤的人，便应该自己反省有没有类似的问题而加以改正。在这里，看齐与内省都是学习的一种方式和途径。择善而从，见贤思齐，不仅仅是一种读书学习的理念和方法，更是中华民族的一种优秀传统美德。

老　子

　　老子，先秦时代哲学家，道家学派创始人。姓李，名耳，字聃。他曾任"守藏室之史"，即管理周王室藏书的官员，博学多闻。《老子》一书，五千余言，反映了他的哲学思想和社会历史观，对后世影响深远。其中有许多观点对我们读书学习很有启示。

老　子：图难于其易，为大于其细

老子提出："图难于其易，为大于其细；天下难事，必作于易；天下大事，必作于细。是以圣人终不为大，故能成其大。"（《老子·六十三章》）在这里，老子谈到了两个方面的关系问题：一是难与易的关系。老子认为，处理困难要从容易的事入手，天下难事必定从容易的做起。二是大与细的关系。老子提出，实现远大目标要从细微之事入手，天下大事必定从细微处做起。有道之人始终不自以为大，反而能成就大事。从老子的论述中，我们也能得到一些启示：读书与做事具有同样的道理。我们在读书学习时，必将遇到许多难懂的地方，难读的篇章。有的人遇到难题而退却，有的人遇到难题而进取。读书学习如同攀登一座又一座高山，如果从易入手，先易后难，从细入手，先小后大，脚踏实地，循序渐进，不但能树立起学习的信心，而且还能跨越读书学习中的一道道难关，攀上知识的高峰。

墨　子

　　墨子，战国初期思想家，墨家学派的创始人，姓墨名翟。其出生地有争议，一说宋国人，一说鲁国人。墨子的思想观点集于《墨子》一书，这是其弟子及再传弟子对他的思想言论的记录。墨子在政治上提出"兼爱""非攻""尚贤""尚同"等主张；在哲学思想方面，提出"耳目之实"是认识的唯一来源的观点；在阅读方面，提出"言必有三表"的评价标准，值得我们思考借鉴。

墨　子：言必有三表

　　墨子提出："言必有三表。"何谓三表？墨子曰："有本之者，有原之者，有用之者。于何本之？上本之于古者圣王之事。于何原之？下原察百姓耳目之实。于何用之？废以为刑政，观其中国家百姓人民之利。此所谓言有三表也。"（《墨子·非命上第三十五》）在这里，墨子为我们提出了判断言论、文章和读物是非对错、真伪好坏的三个标准：第一、要能追根溯本，向上去探究古代圣王的事情；第二、要能推究它的缘由，向下考察百姓耳目的实情；第三、要能用之于实际，就是把它应用到刑事与政务方面，看它是否符合国家与人民的利益。墨子把"事""实""利"综合起来，以大家所看到的、所听到的为依据，以古代圣王的间接经验、普通百姓的直接检验和国家治理的社会效果为准绳，来判断、评价文章、言论的是非对错与真伪好坏。墨子提出的这些观点和见解，就他所处的那个时代而言，具有超前性和独到眼光。就今天的读书学习而言，对我们如何理解、评价古代典籍文献，如何选择、判断阅读内容，也同样具有重要的参考价值。

孟　子

　　孟子，战国时期思想家、教育家，儒家主要代表人物之一，名轲，邹（今山东邹县）人，受业于子思的学生，继承和发展了孔子的思想，被尊奉为仅次于孔子的"亚圣"。在政治思想上，将孔子的德治思想发展为仁政学说。在伦理思想方面，强调道德修养是搞好政治的根本，认为天下之本在国，国之本在家，家之本在身。后来，《大学》一书提出的修身、齐家、治国、平天下的整套观点就是由此发展而来的。在学习和阅读方面，孟子同样提出了许多深刻见解。

孟　子：尽信《书》，则不如无《书》

　　孟子曰："尽信《书》，则不如无《书》。吾于《武成》，取二三策而已矣。仁人无敌于天下，已至仁伐至不仁，而何其血之流杵也？"（《孟子·尽心章句下》）此处，《书》是指《尚书》，由春秋战国时期史官汇编而成，被称为政书之祖，史书之源。孟子提出，完全相信《书》，倒不如没有《书》。意思是，《尚书》记载的内容不能全信。若全信，就可能被误导。如果这样，还不如没有这本书，或者还不如不看这本书。孟子为什么提出这种观点呢？他以自己看到《尚书》中的《武成》一篇为例，文中有"血之流杵"的记载。孟子提出，凭周武王这样极为仁道的人来讨伐商纣王这个极为不仁道的人，怎么会使血流得这么多，甚至把捣米用的木槌都漂流起来了呢？在这里，孟子明确提出"读书存疑"的观点。这一观点对我们为学读书很有启示：一是读书既要读，还要思。对所读之书，要有自己的独立思考和见解。二是读书既要读，还要证。要把所读之书的内容观点放到社会实践中去求证或印证，用社会实践来检验其真伪对错。

孟　子：不以文害辞，不以辞害志

　　孟子曰："故说诗者，不以文害辞，不以辞害志。以意逆志，是为得之。如以辞而已矣，《云汉》之诗曰：'周余黎民，靡有孑遗。'信斯言也，是周无遗民也。"《孟子·万章章句上》句中"文"指文字，"辞"即词句，"逆志"即推测本意。在这里，孟子向我们提出了读书过程中两个重要的问题，即如何正确理解诗文的原意、如何准确把握作者的本意。

　　孟子以《诗经》中的《云汉》为例，提出对诗文的解说和理解，不能拘泥于文字而误解词句，也不要拘泥于词句而误解原意，而是要用读者自己切身的体会去推测作者的本意，这才是正确的做法。假如拘泥于词句，就会产生对诗文的误解、误读。比如，《诗经·大雅》中有一篇《云汉》的诗说过："周余黎民，靡有孑遗。"如果拘泥于文字和词句，就按照字面意思去理解词句，那就可能理解或相信周朝真是没有存留一个人了。再看《诗经·大雅·云汉》一诗，这是周宣王求神祈雨的诗。从全诗整体来理解，当时旱情已经很严重，饥荒灾难接连发生。作者祈雨心切，担心旱情再发展下去，那么百姓就可能全部死去。实际上，这里描写的是一种推测、趋势和可能，而不是现实状况。由此看出，孟子提出"不以文害辞，不以辞害志"的观点，对我们读书学习很有启示：阅读和理解一篇诗文，不能简单化，也不能机械化。无论是文字，还是词句，都要从诗文的整体来理解，从诗文与作者的时代背景，以及作者想要表达的主要思想观点方面，来正确理解诗文的原意和作者的本意。读诗文如此，读其他作品不也是如此吗？

庄 子

庄子，战国时期哲学家，名周，宋国（今河南商丘）人，有《庄子》一书传世。在哲学思想方面，他继承了老子的道家思想，形成了自己的哲学思想体系和相对主义的理论。在阅读方面，我们从庄子关于"言不尽意，得意忘言"的观点中，得到一些重要的启示。

庄　子：言不尽意，得意忘言

一是关于言不尽意的观点。《庄子·外篇·秋水》记载了庄子的这样一段论述："可以言论者，物之粗也；可以意致者，物之精也；言之所不能论，意之所不能察致者，不期精粗焉。"庄子认为，可以用语言讨论的，乃是粗大的事物。可以用意念传达的，乃是精细的事物。至于不能用语言讨论、不能用意念传达的，那就不在粗大和精细之列了。在庄子看来，语言文字有明显的局限性，许多精微细致的事物是无法用语言来表达的，而只能通过"意"，即意念来传达。所以，庄子认为言不尽意。在庄子之前，孔子早先提出过这一观点。《周易·系辞上》记载了孔子的一段话。子曰："书不尽言，言不尽意。"

二是得意忘言。《庄子·杂篇·外物》记载了庄子的这样一段论述："荃者所以在鱼，得鱼而忘荃；蹄者所以在兔，得兔而忘蹄；言者所以在意，得意而忘言。吾安得夫忘言之人而与之言哉！"文中"荃"即鱼笥，捕鱼工具；"蹄"指逮兔之网。庄子通过捕鱼和逮兔来比喻、说明得意忘言的道理，认为语言是用来表达意义的，把握了意义，便忘了语言。在这里，庄子提出得意忘言的观点，意在不要拘泥于语言文字，也不要受语言文字的制约，因为领会文章的主要内容和作者想要表达的意义才是最重要的。

庄子关于得意忘言与言不尽意的观点，从不同角度指出了语言文字的局限性和得"意"的重要性。同时，我们从庄子的论述中也得到一些启示：读书学习固然需要理解和读懂文字语句，但更需要跳出文字和语句的局限，领会其意，把握其神。

荀　子

　　荀子，战国末期哲学家、教育家，名况，字卿，赵国（今山西）人，创立了先秦时期朴素唯物主义哲学体系，有《荀子》一书传世。荀子在自然观上，既强调"天行有常"，又主张"制天命而用之"。在历史观上，反对"古今异情"的观点，承认今胜于古，"欲观千岁，则数今日"。在伦理观上，提出一种以性恶论为基础、以礼为核心的伦理学说。在阅读观上，其《荀子·劝学》一篇，就学习的目标、意义、态度、方法、途径等问题，提出了一系列的观点。可以说，荀子是先秦时期关于阅读理论的集大成者，许多观点对我们很有借鉴意义。

荀　子：君子博学而日参省乎己

　　荀子劝学，开篇特别关注两个问题：一是学习的重要性，二是学习的目标。荀子在《劝学》开篇就讲："君子曰：学不可以已。青，取之于蓝，而青于蓝；冰，水为之，而寒于水。木直中绳，輮以为轮，其曲中规。虽有槁暴，不复挺者，輮使之然也。故木受绳则直，金就砺则利，君子博学而日参省乎己，则知明而行无过矣。"

　　荀子在开篇论述中，通过生动的比喻阐明了学习的重要性，提出只有学习才是提高人的品质和才能的唯一途径。靛青是从蓼蓝中提取的，但比蓼蓝更青。冰是水变成的，但比水更冷。木料笔直得合于墨线，但把它熏烤弯曲而做成车轮，它的弯曲度就与圆规画的相合。即使再烘烤暴晒，它也不再伸直，这是熏烤弯曲才使它这样。荀子借冰与水、青与蓝的关系以及将木料熏烤加工成车轮的例子，比喻学习的重要性。"輮"喻为学习的途径，"轮"喻为学习的结果，成器成才。

　　荀子提出读书学习的目的在于培养道德情操，涵养君子人格。通过不断学习，积善成德，心智澄明，具备圣人的思想境界。所以，荀子提出"君子博学而日参省乎己，则知明而行无过矣"；"积善成德，而神明自得，圣心备焉"。"参省"即反省、考察。荀子主张君子要广泛地学习，每天要省察自己，那就会见识高明而行为不会有过错。

荀子关于"君子博学而日参省乎己"的观点告诉我们，学习要有崇高的目标。积累知识是手段，培养道德情操、涵养君子人格是目标。明确了学习的目标，才可能做到博学多闻，永不停步！

荀 子：君子生非异也，善假于物也

荀子在《劝学》篇中谈道："吾尝终日而思矣，不如须臾之所学也；吾尝跂而望矣，不如登高之博见也。登高而招，臂非加长也，而见者远；顺风而呼，声非加疾也，而闻者彰；假舆马者，非利足也，而致千里；假舟楫者，非能水也，而绝江河。君子生非异也，善假于物也。"

荀子在《劝学》篇中，明确提出了"君子善假于物"的观点。这一观点蕴含深刻的道理：其一，人们要增长知识，提高修养，必须借助学习和教育的手段及途径。在这里，学习和教育就是人们用以提升自己的"可假之物"。如果不善于利用学习的手段，即使终日而思，效果也不会太好。其二，要提高学习的成效，必须善于借鉴他人的经验和方法。为此，荀子用了许多比喻来说明这一道理。例如，踮起脚跟瞭望，不如登上高处所见之广阔。登上高处招手，手臂并没有加长，但远处的人能看得见。顺风呼喊，声音并没有加强，但听见的人觉得很清楚。这些比喻说明，人们在学习中，要注意方法，善于借鉴前人的经验，学习他人的方法，借"登高"而"见远"，假"舆马"而"致千里"，借"舟楫"而"绝江河"。"君子善假于物"，将使我们的学习收到更好的效果。

荀　子：不积跬步，无以至千里

荀子在《劝学》篇中深刻阐明了一个人的学习态度和方法对于学习成败的意义。他说："积土成山，风雨兴焉；积水成渊，蛟龙生焉；积善成德，而神明自得，圣心备焉。故不积跬步，无以至千里；不积小流，无以成江海。骐骥一跃，不能十步；驽马十驾，功在不舍。锲而舍之，朽木不折；锲而不舍，金石可镂。蚓无爪牙之利，筋骨之强，上食埃土，下饮黄泉，用心一也；蟹六跪而二螯，非蛇蟮之穴无可寄托者，用心躁也。"

荀子在这里为我们阐述了两个方面的问题：一是学习要从细微处用功，积少成多，终有所获。积聚泥土而成为高山，积蓄水流而成为深潭，积累善行而成为有德之人。所以，荀子认为，如果不是一步一步去积累，就无法到达千里之外；不汇集细小的溪流，就不能成为江海。二是学习要有恒心，精诚专一，锲而不舍。荀子告诫我们，螃蟹有八只脚两只螯，但如果没有蛇鳝的洞穴就无处栖身，就是因为它用心浮躁。而蚯蚓没有锋利的爪子和牙齿，也没有强壮的筋骨，但它能吃到地上的尘土，喝到地下的泉水，这是因为它用心专一。荀子的这些观点和论述具有深刻的哲理，对我们今天如何学习、如何读书很有警示意义！

荀　子：学至于行之而止矣

荀子在《儒效》篇中，探讨了学与行的关系问题，明确提出"学至于行而止"的观点，认为读书学习的根本目的在于实行，即将所学知识付诸行动，用于实践。他在《儒效》篇中谈道："不闻不若闻之，闻之不若见之，见之不若知之，知之不若行之。学至于行之而止矣。行之，明也，明之为圣人。圣人也者，本仁义，当是非，齐言行，不失毫厘，无它道焉，已乎行之矣。"（《荀子·效儒第八》）

在荀子看来，学习是一个逐步递进、不断深化的过程。不听不如听到，听到不如见到，见到不如理解，理解不如实行。学习到了实行，才算走完了最后一步。为什么实行是最后一步且如此重要？荀子认为，唯有实行，才能明白事理。明白了事理，就是圣人。圣人之所以本仁义、明是非，是因为他们能做到言行一致，能把学到的东西付诸行动，除此之外也没有别的门道。从荀子的论述中可以看到，由学到行，既是一个递进深化的过程，又是一个相互促进的过程。学是基础，行是目的。学利于行，行检验学。

曾　子

　　曾子，春秋末期思想家，鲁国南武城（今山东平邑）人。名参，字子舆，孔子学生，相传《大学》为其所著。一说《大学》产生于两汉时期，作者不可考。"大学"何意？汉代经学家郑玄认为，"大学"者，以记其博学可以为政矣，"大学"是指学问广大之意。宋代哲学家朱熹认为，大学之书，古之大学所以教人之法也。这里，"大学"是指古代贵族子弟十五岁之后所入的学校。

曾　子：大学之道，在明明德

　　曾子在《大学》中深刻阐述了学习与修身的关系，提出："大学之道，在明明德，在亲民（亲即新），在止于至善。知止而后有定，定而后能静，静而后能安，安而后能虑，虑而后能得。物有本末，事有终始。知所先后，则近道矣。"

　　曾子关于学习的观点值得我们思考和借鉴。他谈了两层意思：一是学习的根本目的。他认为，大学学习的目的或要义，在于彰显人类本身所固有的光明的德行，在于使人们除旧布新，在于达到完美的境界。二是阐述了道德修养的途径和方法。他提出，人们只有知道了学习应达到的境界，才能做到确定志向，才能安心修养，才能思虑周详，才能够有所收获。人们如果知道了道德修养的先后次序和轻重缓急，也就接近于做学问的方法了。

中

篇

陆　贾

　　陆贾，汉代政治家。他受刘邦之命总结秦朝灭亡的教训，共著书十二篇。每上奏一篇，高祖看后无不称赞，因此名其书为《新语》。

陆　贾：书不必起仲尼之门

陆贾在《新语·术事》一文中，论述了如何读书选书的问题。他说："道为智者设，马为御者良，贤为圣者用，辩为智者通，书为晓者传，事为见者明。故制事者因其则，服药者因其良。书不必起仲尼之门，药不必出扁鹊之方，合之者善，可以为法，因世而权行。"在此，陆贾强调读书、选书不一定非得起于圣人（孔子）的门下，用药不一定非得出自名医（扁鹊）的方子。一切事物重在讲究实效，不必图虚名。读书的要求，选书的标准，要在于"合"，即合宜、合用。既要选择适合自己需要的书读，也要因世而"权"，即要根据世情的变化有所选择、有所权衡、有所调整，不能一成不变。陆贾的选书观，对我们是一种有益的启示。

董仲舒

　　董仲舒，汉代哲学家、政治家，广川（今河北景县）人。他向汉武帝提出"罢黜百家，独尊儒术"的主张，为武帝所采纳。在哲学上提出"天人感应说"，产生了一定影响，有《春秋繁露》等流传于世。

董仲舒：多连与博贯

　　董仲舒在《春秋繁露》中谈道："今《春秋》之为学也，道往而明来者也。然而其辞体天之微，故难知也。弗能察，寂若无。能察之，无物不在。是故为《春秋》者，得一端而多连之，见一空（孔）而博贯之，则天下尽矣。"

　　董仲舒在《春秋繁露》中谈到了读书的一个重要方法，即读书要多连、博贯。所谓"多连"，即多方面联系，得一端而多连之。将书中的一点、一个方面，与其他点、其他方面联系起来。或连起来读，或连起来想。所谓"博贯"，就是贯通，见一孔而贯通，将书中论及的问题，前后贯通起来，领悟全书的意义。如此读书，能察书中之词意、体悟天之微妙，也能增强读书的效果。

刘　向

　　刘向，汉代经学家、目录学家、文学家。曾校阅群书，撰成《别录》，为中国目录学之祖。辑录《楚辞》十六卷，收录其所作《九叹》，另有《洪范五行传》《新序》《说苑》《列女传》传世。

刘　向：老而好学，如炳烛之明

刘向在《说苑》中，收录了晋平公与师旷的一段对话，谈及读书无迟暮，活到老，学到老。《说苑》记载：晋平公问于师旷（春秋时盲人乐师）曰："吾年七十，欲学，恐已暮矣。"师旷曰："何不炳烛乎？"平公曰："安有为人臣而戏其君乎？"师旷曰："盲臣安敢戏君乎？臣闻之：少而好学，如日出之阳；壮而好学，如日中之光；老而好学，如炳烛之明，孰与昧（暗）行乎？"平公曰："善哉！"从刘向的记述来看，人生读书学习，七十岁开始也不晚，少年、壮年、老年时期，读书学习，各有风景，各有千秋。人到老年，读书学习，即使不如日出之阳或日中之光，但也如炳烛之明。活到老，学到老。读书学习，不分早晚，何谈迟暮？

刘　向：为学"三患"

刘向在其所著《说苑》中，论及读书学习的基本要求，特别强调学行结合，有三段金句记述如下：其一，"君子博学，患其不习；既习之，患其不能行之；既能行之，患其不能以让也（让即谦让）。"其二，"君子之学也，入于耳，藏于心，行之以身。"其三，"君子不羞学，不羞问。'问讯（提出问题）者，知之本；念虑（思考）者，知之道也。'此言贵因人知而知之，不贵独自用其知而知之。"从中看到，刘向提出的为学"三患"，即"患"不习、患不行、患不让，涉及读书学习三个很重要的问题。学习要善于温习巩固，学习要与实际行动相结合，学习要保持谦虚的态度。刘向提出的"为学三患"，与孔子在《论语》中提出的"学而时习之，不亦说乎？""温故而知新，可以为师矣。""敏而好学，不耻下问。"等等，可以说一脉相承。不过，刘向除了重视读书学习要入耳入心、温故知新、不耻下问之外，更加重视"行"，即身体力行，将学问运用于实际。

扬　雄

　　扬雄，汉代哲学家，字子云，蜀郡成都（今四川成都）人。他善学好思，长于词赋。在哲学上，他把"玄"作为他的哲学体系的最高范畴，认为"玄"是天地的本源，也是"气"的根源。有《甘泉》《羽猎》《长杨》《太玄》《法言》等著作传世。

扬　雄：读而能行为之上

　　扬雄在《法言》中提出："学，行之，上也；言之，次也；教之，又其次也；咸无焉，为众人。"扬雄认为，读书学习之后的成效，大致可分为四等：上等是在读书学习之后，能见诸行动，其次是著述立言，再其次是传道授业。如果前面的情况都没有，那就是第四等，即普通人。扬雄的观点给我们以启示：读书学习，最重要的是见诸行动，将所学到的知识和理论，用以指导自己的实践，做到知与行的统一。

扬　雄：何谓好学？

　　扬雄在《法意》中对何谓"好学"提出了他的见解："学以治之，思以精之，朋友以磨之，名誉以崇之，不倦以终之，可谓好学也已矣。"在扬雄看来，所谓"好学"，可从五个方面来衡量，或从五个方面去努力：一是要以认真、严谨的态度去学习、去探究；二是要精心思考；三是要与志同道合的人去切磋琢磨；四是只求学以成名，不计功名利禄；五是做到始终如一，孜孜不倦。如能做到这五条，可以说是好学了。看来，真正达到好学的要求不是很容易的，必须付出艰辛的努力。

桓 谭

　　桓谭,汉代哲学家,字君山,沛国相(今安徽淮北市)人。桓谭好音乐,善鼓琴,博学多闻。他坚决反对当时流行的谶纬之说,提出了形神关系的新见解。其著作有《新论》16篇,已佚,其文散见于其他著作之中。

桓　谭：能读千赋则善赋

　　桓谭在《新论》中谈道：杨子云工于赋，王君大习兵器，余欲从二子学。子云曰："能读千赋则善赋。"君大曰："能观千剑则晓剑。"汉代的杨子云（哲学家、文学家扬雄，字子云）擅长写赋，王君大熟悉兵法。桓谭想向二人请教，学赋学兵。扬雄、王君大二人的两句话很有哲理，给桓谭以启示："能读千赋则善赋。"赋读得多了，就能写得好赋。"能观千剑则晓剑。"剑看得多了，就能通晓剑之优劣。在这里，桓谭通过扬雄、王君大的两句话，想告诉我们这样一个道理：多读才能多通，多看才能多闻。

班 固

　　班固，汉代史学家、辞赋家，扶风安陵（今陕西咸阳，一说宝鸡）人。曾为兰台（国家藏书库）令史，整理典籍，修撰史书。著有《汉书》《两都赋》等。

班　固：学者之大患

班固在《汉书·艺文志》中谈到了后世如何对待经典文献及其传注，怎样克服治学的重大毛病等问题。他说："后世经传既已乖离，博学者又不思多闻阙疑之义，而务碎义逃难，便辞巧说，破坏形体；说五字之文，至于两三万言。后进弥以驰逐（即后来的人变本加厉），故幼童而守一艺，白首而后能言；安其所习，毁所不见，终以自蔽。此学者之大患也。"他告诫我们，后世的人们所看到的经典文献和解释这些经典文献的传注，这两者实际上已经相互背离了。一些所谓博学的人不讲究多闻阙疑，于是破碎文义，强辩立说，背离经文本义，不通古字，破坏文字形体。以至于解说五个字的文章，达到两三万言。后来的人又相互攀比，所以幼童抱守一艺，到头发白后才能讲说，人们安于他所学习的东西，诋毁他所没有见过的东西，最终自己欺骗了自己。这些都是学者的大患。

班固在《汉书·艺文志》中谈到的问题，值得我们深思：一是为学之道，在于守正创新，不能抱残守缺，更不能为了强辩立说，将主要的功夫都花费在注释解读方面，导致破碎文义，背离本义，以至于解说五个字的文章，达到两三万言。这实际上是学风不正、文风不正的表现，误导读者，污染学术。二是读书之道，在于读原著、看原文。读书的主要精力需要用于阅读原著、看懂原文方面，不能本末倒置。如果注释解读的东西背离本义，解读有误，读了则贻害不浅。

王 充

　　王充，汉代哲学家，字仲任，会稽上虞（今浙江上虞）人。少时家贫无书，常游洛阳市肆，阅书市所卖之书，一见则能诵忆。他在哲学上提出"天地合气，万物自生"，强调元气自然，反对"天人感应"，主张无神，否定鬼神。著有《论衡》《讥俗》《政务》《养性》等。

王　充：何谓鸿儒？

　　王充在《论衡·超奇篇》中，从读书的角度，对"鸿儒"的称谓提出了自己的见解。他认为："能说一经者为儒生；博览古今者为通人；采掇（即摘取）传书，以上书奏记者为文人；能精思著文、连结篇章者为鸿儒。故儒生过俗人，通人胜儒生，文人逾通人，鸿儒超文人。故夫鸿儒，所谓超而又超者也。"

　　王充在《论衡》中将读书人分为四类：一为儒生，读过一经；二为通人，读过很多书但不能发挥运用；三为文人，能熟练地向上书写报告、传递奏折；四为"鸿儒"，能精深思考，写成文章，或汇集成书者。"鸿儒"者，能著书表文，论说古今，乃是世之金玉、奇而又奇者，所谓"超而又超者"。王充对"鸿儒"的议论以及对读书人的分类不一定科学和准确，但是他的见解给我们以有益的启示：读书不仅要有目标、有方向、有追求，还要做到学用结合，读写结合，读出成果，学出成效。

王　充：虚妄之书不可信

　　王充在《论衡·书虚篇》中谈道："世信虚妄之书，以为载于竹帛上者，皆贤圣所传，无不然之事，故信而是之，讽而读之。睹真是之传，与虚妄之书相违，则并谓短书（'短书'即价值不大的书），不可信用。"

　　王充在这里谈到了读书的一种现象，即如何对待书本上的东西，如何看待古人书中的记载。在纸张出现之前，古人多在竹简、木椟、丝帛上书写文字，人们也常将它们称之为书。王充认为，没有事实根据、内容虚假不真实的书，是不可相信的。有的人以为竹简和丝帛上记载的文字，都是贤圣传下来的，没有不对的事，所以相信它、读它、背诵它。王充在《论衡·感虚篇》中列举了许多书中记载而不可信的例子。如"儒者传书言"："'尧之时，十日并出，万物燋枯。尧上射十日，九日去，一日常出。'此言虚也。"王充在文中指出，人之射箭不过百步，天上太阳离人数以万里计，尧怎能射到太阳呢？因此书上记载的东西不可全信。但是，也要克服另一种现象，即否定一切。当人们看到内容真实、正确的书与他们所相信的那些内容虚妄的书不一致时，就笼统地说前面那些内容真实的书同样是价值不大的书，这样的判断也是不可相信的。王充的观点值得我们思考。子曰："学而不思则罔，思而不学则殆。"读书要思考，其中也包括对所读之书内容是否真实、是否准确的思考。对待古人之书，要加以辨别，多做思考，不能盲从。

王　充：学问之法，不畏无才，难于距师

　　王充在《论衡·问孔篇》中，深刻阐述了读书治学的根本方法。他谈道："凡学问之法，不畏无才，难于距（即质疑）师，核道实义，证定是非也。问难之道，非必对（即面对）圣人及生时也。世之解说说人者，非必须圣人教告乃敢言也。苟有不晓解之问，追难孔子，何伤于义？诚有传圣业之知（通'智'），伐（即质疑或反驳）孔子之说，何逆于理？谓问孔子之言，难其不解之文，世间弘才大知（通'智'），生（通'性'）能答问解难之人，必将贤（即称赞）吾问难之言。"

　　在此，王充明确提出，凡做学问的方法，不怕没有才能，难就难在敢于质疑老师，核实大道，确定是非。在他看来，读书治学的根本方法在于问难，对老师或古代贤人的话提出质疑。问难的方法，不一定是面对圣人，在他活着的时候，也是针对他们流传至今的话和书。为师或治学，不一定要圣人教过的话才敢说。如果有不理解的问题，追问责难孔子，不会对道义有什么损害，也

没有什么不合理的地方。如果世上有高才大智的人出现，一定会称赞这种责难追问的做法。王充在前面提出过"虚妄之书不可信"的观点，在这里又看到他"问难"之说。两者道理一样，读古人之书，看古人之言，不能盲从，要有质疑、问难的意识，保持理性的读书治学态度。

许　慎

　　许慎，汉代经学家，文字学家。字叔重，汝南召陵（今河南郾城）人。许慎"性纯笃，博学经典"。鉴于俗儒说字解经，多与古义不合，故作《说文解字》，这是中国最早且最具权威的一部古文字的字典，被称为"天下第一书"。

许　慎：文字者经艺之本

许慎在《说文解字·叙》中谈道："古者庖牺氏之王天下也，仰则观象于天，俯则观法于地，视鸟兽之文与地之宜，近取诸身，远取诸物；于是始作《易》八卦，以垂宪象。及神农氏，结绳为治，而统其事。庶业其繁，饰伪萌生。黄帝史官仓颉，见鸟兽蹄远之迹，知分理之可相别异也。初造书契。'百工以乂，万品以察，盖取诸夬'。'夬，扬于王庭'，言文者，宣教明化于王者朝廷，君子所以施禄及下，居德则忌也。""文字者，经艺之本，王政之始，前人所以垂后，后人所以识古。"

许慎在《说文解字》的自序中阐述了文字产生的历史过程及其重要意义。从庖牺氏（又作伏羲）由观察天象、地貌，看鸟兽花纹和地理形状，创造了《周易》的八卦。神农氏用结绳来管理事物，记载万物。仓颉看见鸟兽的足迹，懂得它们的纹理可以相区别，才创造了文字。在许慎看来，文字产生的意义有三：一是有利于治理百工，区分万物；二是有利于"宣教明化于王者朝廷"，即有利于朝廷用来宣传政教，明于道德风化；三是经传子史的根本，治理国家的基础，文化传承的载体。许慎的论述及其观点对我们的阅读有重要启示：阅读始于文字。了解中国文字产生、发展的历史，把握中国文字的结构、特点和规律，对于我们读好古代经典，传承中华文化具有重要意义和作用。

徐　幹

　　徐幹，汉魏之际文学家，"建安七子"之一，以诗、赋、散文见长。字伟长，北海郡（今山东昌乐）人。今存有诗歌《室思》等3篇，辞赋《玄猿赋》《漏卮赋》等，散文《中论》等。

徐　幹：志者，学之师也

　　徐幹在《中论》中谈道："虽有其才而无其志，亦不能兴其功也。志者，学之师也；才者，学之徒也。学者不患才之不瞻（作'赡'，丰富），而患志之不立。是以为之者亿兆，而成之者无几，故君子必立其志。"徐幹在这里提出了一个学习的重要问题，即学习中志向与才学的关系问题。他认为，就一个人学习而言，虽然有的人有天赋才学，却没有远大志向，因而还是不能建功立业。所以，一个人的志向在学习中发挥主要作用，犹如老师那样的作用。而一个人的才学在学习中发挥次要作用，犹如学生那样的作用。求学的人不要担心自己的才学不丰富，而应该担心志向没有确立。所以，自古至今为学的人不计其数，而有所成就的人却寥寥无几。因此，君子一定要确立他的志向。徐幹的观点给我们带来的启示是：读书学习是一个长期的过程，只有立志于学，坚持不懈，才能学有所成，建功立业。

徐　幹：大义为先，物名为后

　　徐幹在《中论》中提出："凡学者，大义为先，物名为后，大义举而物名从之。然鄙儒之博学也，务于物名，详于器械，矜于诂训，摘其章句，而不能统其大义之所极，以获先王之心。此无异乎女史（掌管文书的女官）诵诗，内竖（宫中小臣）传令也。故使学者劳思虑而不知道，费日月而无成功，故君子必择师焉。"

徐幹在这里谈到了一个读书中需要注意的重要问题，即如何把握读书的主次。他针对有些人（鄙儒），读书时只注重训诂名物以及章句之学，而不能"统其大义之所极"，不关注所读之书的精神要义，或想阐明的大道与观点，这样去读书是不对的，终究"费日月而无成功"。徐幹提出的"大义为先，物名为后"的观点，值得我们借鉴。读书要分清主次，掌握重点。在了解词义的同时，要更多关注书中"大义"，达到读书的目的，获得学习的成效。

徐　幹：相因而学

徐幹在《中论》中谈道："贤者不能学于远，乃学于近，故以圣人为师。昔颜渊之学圣人也，闻一以知十，子贡闻一以知二，斯皆触类而长之，笃思而闻之者也。非唯贤者学于圣人，圣人亦相因而学也。孔子因于文、武，文、武因于成汤，成汤因于夏后，夏后因于尧舜。故六籍者，群圣相因之书也。其人虽亡，其道犹存，今之学者勤心以取之，亦足以到昭明而成博达矣。"

　　徐幹在这里对读书、学习的论述，包含了这样几层意思：一是就近而学。"三人行，必有我师焉。"当然，他提倡以圣贤为师。二是相因而学。他认为，圣人也不是天生的，也是向其他圣贤学习而来的。三是择典而学。特别是要读好六籍，即六经：《诗》《书》《礼》《乐》《易》《春秋》。为何要特别学好六籍？是因为六籍为群圣相因之书，即相互传习之书。"其人虽亡，其道犹存。"如果能够勤心学习好六部经典，亦可使德性昭明，成为博达君子。

董 遇

董遇，三国时代魏国的著名学者，精通《老子》《左传》。在如何运用时间读书学习方面颇有见解。

董　遇：读书当以"三余"

据《三国志·魏志·董遇传》记载：人有从学者，遇不肯教而云："必当先读百遍。"言："读书百遍，其义自见。"从学者云："苦渴无日（苦于没有时间）。"遇言："当以三余。"或问"三余"之意。愚言："冬者岁之余，夜者日之余，阴雨者时之余也。"董遇的读书观，值得我们思考：一是"读书百遍，其义自见"。倡导书要熟读，反复读，读书上百遍，书中之义自然领会。二是"当以三余"。不少人曾提出，想读书，没时间。董遇提出，读书要抢时间，运筹好时间，岁之余、日之余、时之余，总能抢到读书的时间。生活中还有一个常见的现象，即越是忙的人，越是喜欢读书，越是读书多。董遇的读书观，给后人启示良多。

葛　洪

　　葛洪，东晋著名道士、道教学者、炼丹家、医学家。字稚川，自号抱朴子，世称小仙翁，丹阳句容（今属江苏）人。著有《抱朴子》《玉函方》《肘后备急方》等。

葛　洪：阶浅涉深，由易及难

葛洪在《抱朴子》中谈道："凡学道，当阶（意凭借）浅以涉深，由易以及难。志诚坚果，无所不济，疑则无功，非一事也。"在葛洪看来，凡是学道有成的人，就应当由浅入深，由易及难，心志诚一，坚毅果决，如此才能做到无所不济。如心有疑虑，就不会成功。从葛洪论学道，看我们为学读书，也是同样道理：读书一则要循序渐进，由浅入深，由易及难，不能好高骛远；二则要心志诚一，心无旁骛，专精专一，不能三心二意；三则要坚毅果决，迎难而上，勇于克服九九八十一难，不能半途而废。

葛　洪：修学务早

葛洪在《抱朴子》中谈道："盖少则志一而难忘，长则神放而易失，故修学务早，及其精专，习与性成，不异自然也。若乃绝伦之器，盛年有故，虽失之于旸谷，而收之于虞渊。方知良田之晚播，愈于卒岁之荒芜也。日烛之喻，斯言当矣。"

葛洪认为，人们年轻时用心专一，精力旺盛，学习的东西不易忘记，因此，学习要趁年轻时尽早努力，养成精深专一的良好习惯。不过，葛洪对年长之人的学习也给予了肯定和鼓励。他认为，即使年轻时耽误了，还可以在晚年时补回来。"虽失之于旸谷，而收之于虞渊。"如同在日出的地方失去了，可以在日落的地方补回来一样。正如师旷曾经对晋平公所说的："少而好学，如日出之阳；壮而好学，如日中之光；老而好学，如炳烛之明。"从葛洪的论述中，我们可以感悟到，读书学习要在年轻时及早努力，打下基础，养成习惯。然而，读书学习贯穿人的一生，实无早晚之分。

陶渊明

　　陶渊明，东晋诗人、辞赋家、散文家。他归隐田园，以书为乐，关于读书，有不少独到见解流传至今。

陶渊明：好读书，不求甚解

一是倡导以读书为乐。他在《读山海经十三首》中写道："既耕亦已种，时还读我书。穷巷隔深辙，颇回故人车。欢言酌春酒，摘我园中蔬。微雨从东来，好风与之俱。'泛览周王传，流观山海图'。俯仰终宇宙，不乐复何如？"耕种之余，读书为乐，这是一种读书的追求，也是一种读书的境界。读书让人认识社会，增长知识，也可以开阔胸襟，陶冶情操，岂能不乐？

二是倡导一起读书。他在《移居二首》中写道："敝庐何必广，取足蔽床席。邻曲时时来，抗言谈在昔。奇文共欣赏，疑义相与析。"据北大袁行霈先生注解，"奇文"，或指自己与朋友所作文章，或指前人文章。陶渊明提出"奇文共欣赏"，一个"共"字，表达出要与心性淡泊之人共赏、共读，这既是一种读书的乐趣，也是一个提高读书质量和效率的途径。

三是倡导"好读书，不求甚解"。他在《五柳先生传》中写道："闲静少言，不慕荣利。好读书，不求甚解；每有会意，便欣然忘食。"此处"好读书，不求甚解"何意？意谓虽然好读书，但不作烦琐之训诂，所喜乃在会通书中领略。"好读书，不求甚解"，不是贬义，是不作烦琐之训诂，或谓不钻牛角尖。精读与泛读，要有所区分，有所侧重才好。

沈　约

　　沈约，南朝文学家，字休文，吴兴武康（今浙江德清）人。少年时家境贫困，刻苦攻读，博览群书。他不仅是一位著名的诗文作家，也是一位知识渊博的学者，其存世之作有《沈隐侯集》等。

沈　约：文章当从"三易"

南北朝时期思想家、教育家颜之推在《颜氏家训·文章第九》中记载了沈约的观点："沈隐侯（即沈约）曰：'文章当从三易：易见事（"事"指典故），一也；易识字，二也；易读诵，三也。'邢子才常曰：'沈侯文章，用事不使人觉，若胸臆语也。'深以此服之。"沈约提出写文章应对遵从"三易"原则，即用典容易明白、文字容易认识、诵读容易上口。他的"三易"之说，不仅得到时人赞许，也受到后人肯定，还对我们有重要启示。写文章是要给人读的，不要刻意追求文辞，特别是不要用冷僻的词语典故，真正做到易懂易读。

刘　勰

　　刘勰，字彦和，南朝齐、梁时期文学理论批评家，祖籍莒县（今山东省）人，世居京口（今江苏镇江）人。自幼好学，饱读经史百家之书和历代文学作品，著有《文心雕龙》等。

刘　勰：知音其难

　　刘勰在《文心雕龙·知音第四十八》中谈道："知音其难哉！音实难知，知实难逢，逢其知音，千载其一乎！夫古来知音，多贱同而思古，所谓'日进前而不御，遥闻声而相思'也。"

　　刘勰在《文心雕龙》中谈到的"知音"，所讨论的不是音乐欣赏问题，主要是对文章的理解与评价问题。在刘勰看来，做到知音是很困难的，音确实难以理解，知音也确实难以碰到，可以说千年一遇。那么，刘勰讨论知音问题，有何意义？我以为有两层意义：一是他提出了一个读与知的问题，即读书与理解评价的问题。正确的理解和评价，有利于达到读书的目的和效果。二是他提出了一个如何做知音的问题，即克服"文人相轻"的问题。他认为，自古以来，多数人看轻同代人而推崇古代人，所谓"日进前而不御，遥闻声而相思"，即每天在眼前的不信用，老远听见名声便想念。刘勰"知音难逢"的观点，对我们如何做到"善读书"有一定的启示：读书要读出成效，在于正确理解和评价所读之书，要做到客观，避免偏见，做一个真正的"知音"。

刘　勰：阅文六观

刘勰在《文心雕龙·知音第四十八》中阐述了如何阅读一篇文章的方法与标准："凡操千曲而后晓声，观千剑而后识器；故圆照之象，务先博观。……是以将阅文情，先标六观：一观位体，二观置辞，三观通变，四观奇正，五观事义，六观宫商。斯术既形，则优劣见矣。"

刘勰阐述的"阅文六观"值得我们在读书时加以借鉴：一是多读而后真知。正如演奏和观剑一样，会演奏千首曲目而后才懂得音乐，观察了千把剑而后才会识宝剑。所以，全面观察的方法，务必先要看得多。二是要从六个方面去衡量一篇文章的优劣，即一看整体谋篇，二看语言运用，三看继承变化，四看奇正手法，五看事义相和，六看声律呈现。

刘　勰：文有八体

刘勰在《文心雕龙·体性第二十七》中谈到了文章风格的问题："若总其归塗（同'途'），则数穷八体：一曰典雅，二曰远奥（即深隐），三曰精约，四曰显附（即明显），五曰繁缛（即繁丰），六曰壮丽，七曰新奇，八曰轻靡（即浮靡）。"在刘勰看来，不同的文章有不同的风格。总体来讲，主要有上述八种。其中，典雅与新奇相反，远奥与显附不同，繁缛和精约相反，壮丽和轻靡不同。一个人文章风格的形成，除了与他的学力、才气相关之外，还与他的气质相关。正如刘勰所讲："八体屡迁，功以学成，才力居中，肇自血气；气以实志，志以定言，吐纳英华，莫非情性。"了解刘勰对文章风格的归类和分析，对于我们阅读前人的文章和著作，提升自己的写作能力和水平，将有所裨益。

刘　勰：文有风骨

刘勰在《文心雕龙·风骨第二十八》中谈道："《诗》总六义，风冠其首，斯乃化感之本源，志气之符契也。是以怊怅述情，必始乎风，沉吟铺辞，莫先于骨。故辞之待骨，如体之树骸。情之含风，犹形之包气。结言端直，则文骨成焉；意气骏爽，则文风清焉。若丰藻克赡，风骨不飞，则振采失鲜，负声无力。是以缀虑裁篇，务盈守气，刚健既实，辉光乃新，其为文用，譬征鸟之使翼也。"

从刘勰的论述中可以看到，"风骨"在文章中发挥着极为重要的作用。无论是读书还是写作，了解和把握文之"风骨"，大有益处。在刘勰看来，在风、雅、颂和赋、比、兴此六义之中，风是排在第一位的，它是感化人的根本之源，也是志向和气质的具体表现。因此，风骨远胜于修辞。即使文采丰富，而风骨不能"飞动"，那样的文采是黯淡而不鲜明的。风骨对于文章，犹如飞鸟使用两翼。何谓风骨？风者文风，要能"情之含风"，即文章思想感情的表达，要有教育和感化人的作用。骨者骨力，措辞端庄正直。"结言端直，则文骨成焉；意气骏爽，则文风清焉。"刘勰关于风骨的论述给我们的启示是：读书写作首要的是见风骨。在风骨与文采之间，风骨是第一位的，风骨立则文立。如能做到风骨和文采兼备，那当然是理想的境界。

颜之推

颜之推是中国南北朝时期思想家、教育家，祖籍
山东省临沂，生于湖北省江陵。他历经四朝，目睹士
族教育的弊端，将自己所见所闻和立身、治家、处世
的道理，写成《颜氏家训》一书，以整顿家风，告诫
子孙。

颜之推：读书学问，明目修身

　　《颜氏家训》共二十篇，论及教子、治家、风操、慕贤、勉学、文章等问题。《颜氏家训》成书以后，备受推崇，被誉为"篇篇药石，言言龟鉴"。书中提出的教育观、读书观，对后世影响深远。论及儿童早期教育的观点非常超前，令人佩服。早在一千四百多年前，颜之推就倡导"教儿婴孩"，明确提出"胎教之法"。他说："古者圣王有胎教之法；怀子三月，出居别宫，目不邪视，耳不妄听，声音滋味，以礼节之。书之玉版，藏诸金匮。"（《颜氏家训·教子》）

　　颜之推关注教育，也重视读书，将读书学习作为教育的重要内容和手段，提出了一系列很有见地的读书观，值得我们借鉴。他的读书观既继承了孔子、荀子、刘向等古代先贤的读书思想，又提出了自己关于读书学习的独到见解，立论平实，旁征博引，自成一家之言。这些观点集中反映在《颜氏家训·勉学》一篇之中（见《大中华文库·颜氏家训》，外文出版社，2004 年第 1 版）。

　　颜之推十分重视为何读书的问题。他在《勉学》一篇中谈道："夫所以读书学问，本欲开心明目，利于行耳。"颜之推认为，人之所以要读书求学，本来就是为了开发心智，提高辨别能力，以利于自己的品行。他在文章中列举了读书对人们开启心智、修身利行的种种作用。例如，通过读书，能了解古人如何孝顺父母，怎样侍奉父母，转而效法古人；通过读书，看看古人如何忠于职守，在危险关头以国家利益为重，不惜牺牲生命；通过读书，看到古人如何恭谨俭朴、谦卑自守，以礼让为教化的根本；通过读书，还能看到古人如何少有私欲、周济贫困、宽仁大度、通达乐观、刚正不阿、讲求信义等等。凡此种种，各方面的品行，都可以能通过读书加以培养。事实上读书的意义和作用是多方面的，古往今来，论述不少。孔子就强调读书重在修身。他在《论语》中多处谈到读书与修身的问题。子曰："德之不修，学之不讲，闻义不能徙，不善不能改，是吾忧也。"孔子始终关注读书人的道德修养，将道德修养与读书学习紧密相连。他所忧虑的是品德不培养，学问不讲习。颜之推提出读书学问在于开心明目、修身利行的观点，与古代圣贤的观点一脉相承，深化了人们对读书意义的认识。通过读书，不仅能开启心智，启迪智慧，获得知识，还能"穿越"古今，效仿历代先贤，培养道德品行。

颜之推：学习犹种树，春华而秋实

　　颜之推强调读书学习是一个长期的过程，不能心浮气躁。他在《颜氏家训·勉学》中提出："夫学者犹种树也，春玩其华，秋登其实；讲论文章，春华也，修身利行，秋实也。"颜之推在这里将读书学习喻为"种树"，他认为学习就像种树一样，春天玩赏花朵，秋天收获果实。讲论文章，是玩赏春天的花朵；修身利行，是收获秋天的果实。颜之推关于学习犹如种树的观点，既比喻形象，又富含哲理：读书犹如人们在自己的心灵播下智慧的种子，从发芽到长成一棵参天大树，需要一个长久培育的过程，需要精心呵护，不可揠苗助长，不能一蹴而就。管子说："一年之计，莫如树谷；十年之计，莫如树木；终身之计，莫如树人。"（见《管子·权修》）读书如种树，或是十年之计，实则也是终身之计。颜之推的观点还表达了另一层意义：学习虽然是一个长期的过程，但也不能漫无目的，要追求学习的效果，即春华而秋实，而且要以"修身利行"来检验学习的成效。

颜之推：少而至老，学而不倦

颜之推鼓励终身读书学习。他在《颜氏家训·勉学》中谈道："孔子云：'五十以学《易》，可以无大过矣。'魏武、袁遗，老而弥笃，此皆少学而至老不倦也。曾子七十乃学，名闻天下；荀卿五十，始来游学，犹为硕儒。公孙弘四十余，方读《春秋》，以此遂登丞相；朱云亦四十，始学《易》《论语》；皇甫谧二十，始受《孝经》《论语》，皆终成大儒，此并早迷而晚寤也。"颜之推在文章中列举了许多从小到老学而不倦、学而有成的榜样，以规劝人们终身学习。孔子讲五十岁开始学习《易经》，就可以不犯大错了。从魏武帝曹操，到东汉末年的袁遗，都是少年时期勤奋学习，到老年也不倦怠的典范。从曾子、荀子、公孙弘，到朱云、皇甫谧，皆为晚学，无一不是学有所成的榜样。当时有人认为到了结婚加冠之年，学习已经晚了，颜之推对此提出批评。他说，这就好比面对一堵墙壁什么也看不见，是非常愚蠢的。他继承了汉代文学家刘向的读书观，提出："幼而学者，如日出之光，老而学者，如炳烛夜行，犹贤乎瞑目而无见者也。"在颜之推看来，到老了再开始学习的人，虽不如少年像太阳初升时放出的光芒，但总是比闭着眼睛什么也看不见的人强，人的一生就要做到活到老学到老。从刘向到颜之推，有一个共同的读书观：学无迟暮，终身学习。

颜之推：学习所以求益，切勿自高自大

　　颜之推强调读书学习要保持谦虚的态度，如此才能受益。他在《颜氏家训·勉学》中说："夫学者所以求益耳。见人读数十卷书，便自高大，凌忽长者，轻慢同列；人疾之如仇敌，恶之于鸱枭（猫头鹰一类的鸟）。如此以学自损，不如无学也。"颜之推认为，学习的目的是

为了自己受益，如果读了几十卷书，就自高自大，不敬重长者，看不起同辈，招致大家痛恨。如此自损，何谈受益，不如不学。在颜之推看来，一个人能否保持谦虚的态度，还与一个人的学习初衷或学习目的有关。他谈道："古之学者为己，以补不足也；今之学者为人，但能说之也。古之学者为人，行道以利世也；今之学者为己，修身以求进也。"他深刻阐明了两种不同的学习观或读书观：一种是学习为了弥补自己的不足，通过学习实现自己的理想以造福社会；另一种是为了向别人炫耀而夸夸其谈，通过学习以谋求个人仕途。前者会保持谦虚谨慎的学习态度，后者可能采取盛气凌人的学习态度。颜之推谈到的两种学习观，实际上反映了两种不同的学风，对今天我们读书学习仍有借鉴意义。

颜之推：农商工贾，可为师表

颜之推既鼓励人们向书本学习，也主张向社会学习，特别是要向劳动人民学习。他在《颜氏家训·勉学》中谈道："爰及农商工贾，厮役奴隶，钓鱼屠肉，饭牛牧羊，皆有先达，可为师表，博学求之，无不利于事也。"他认为，无论是农夫、商人、工匠、童仆、奴隶，还是渔民、屠夫、养牛的、放羊的，他们之中都有贤明之人，可以作为学习的榜样。广泛地向他人学习，以成就自己的事业。颜之推早在中国南北朝时期，就提出读书人要广泛地向劳动人民学习，这是很了不起的。读书学习在于博学多闻，途径和方式多种多样。荀子曾经说过："君子博学而日参省乎己，则知明而行无过矣。"博学既要向书本学习，也要向社会学习，还要向他人学习，特别是要虚心向劳动人民学习，以检验自己的书本知识，丰富社会实践知识，增长实际的本领和才干。

颜之推：读书须切磋相起

颜之推提倡读书要切磋讨论、相互启发。颜之推在《颜氏家训·勉学》中谈道："《书》曰：'好问则裕。'《礼》云：'独学而无友，则孤陋而寡闻。'盖须切磋相起明也。见有闭门读书，师心自是。稠人广坐，谬误差失者多矣。"颜之推在这里谈到的读书要求有两层意思：一是主张学而好问，《尚书》讲得很清楚，多问才能做到学识广博，知识充裕，即"好问则裕"。二是强调切磋讨论。他认为，《礼记》上讲得很明白，"独学而无友，则孤陋而寡闻。"独自一人学习而不与他人共同探讨，就会孤陋寡闻。所以，读书要相互切磋，相互启发，如此才能达到通晓明白、相互提升的目的。从颜之推的论述看，读书不仅要自己读，还要与人一起读。我们今天在全社会深入开展全民阅读，提倡共读共享，举办各种各样的读书活动，成立读书小组，创建线上线下读书群，大家分享交流读书的心得和方法，就相关主题，各抒己见，开展深入讨论，提升了读书学习的效果，这正是"切磋相起"的好方式，值得深入推广。

颜之推：必须眼学，勿信耳受

颜之推劝勉人们，读书做学问要扎实严谨，谈话写文章不能道听途说。他在《颜氏家训·勉学》中说："谈说制文，援引古昔，必须眼学，勿信耳受。江南闾里间，士大夫或不学问，羞为鄙朴，道听途说，强事饰辞：呼征质为周、郑，谓霍乱为博陆，上荆州必称陕西，下扬都言去海郡……凡有一两百件，传相祖述，寻问莫知原由，施安时复失所。"颜之推在这里列举了一些治学不严、道听途说的现象。当时江南民间一些士大夫不愿勤学好问，担心被别人说粗鄙浅薄，就用一些道听途说的东西来装饰门面，以示高雅博学。有的将抵押说成周、郑，将霍乱说成博陆，上荆州说成去西安，下扬都说成去海郡。如此等等，都是传相祖述，不问缘由，用到文章中不得其所，用在谈话中不伦不类。所以，颜之推告诫人们，谈话作文，援用古代例证，必须是亲眼从书里所看到的，不能轻易相信耳朵听来的东西。"必须眼学，勿信耳受"，这是古代先贤读书治学的经验之谈。在现代社会，科技发达，信息量大，传播速度快，道听途说的东西不少，真假难辨，莫衷一是。如果是读书，就要多读原著，多看原文，少看注释解读，方能了解原义；如果是治学，引经据典，就要亲自看到原文，亲自核实原本，切勿道听途说，避免以讹传讹。

孔颖达

　　孔颖达，唐代经学家，生于北朝。字冲远，冀州衡水（今河北省衡水市）人，主编《五经正义》，形成唐代义疏派。其论诗之功用的观点，对我们阅读和鉴赏诗歌有一定的参考价值。

孔颖达：感天地，动鬼神，莫近于诗

　　《十三经注疏·毛诗正义》记载了孔颖达关于诗的论述："夫诗者，论功颂德之歌，止僻防邪之训，虽无为而自发，乃有益于生灵（指百姓）。六情静于中，百物荡于外，情缘物动，物感情迁。若政遇醇（通淳）和，则欢娱被于朝野；时当惨黩（即黑暗污浊），亦怨刺（即讽刺）形于咏歌。作之者所以畅怀舒愤，闻之者足以塞违从正。发诸情性，谐于律吕。故曰'感天地，动鬼神，莫近于诗'。此乃诗之为用，其利大矣。"

　　在孔颖达看来，诗的益处很大，不可不重视。诗不仅是对功德的歌颂，也是对远离古怪与凶邪的训示。诗的形成虽无目的而自发产生，但对于百姓很有益处。诗既是情感的表达，也是对社会现实的反映。写诗的人能够畅快胸怀，听到诗的人也能防堵邪恶。所以，诗的作用很大。感动天地，惊动鬼神，没有什么比得上诗的。孔颖达的诗论，不仅是阐明了诗的功用，也为我们如何鉴赏、评价、学习诗歌，提供了一个可供参考的标准。

王昌龄

　　王昌龄，唐代诗人，字少伯，京兆长安（今陕西西安）人。他擅长七言绝句，现存诗180多首，五言、七言绝句约占一半。其七言绝句以写边塞、从军最为著名。今存《王昌龄集》2卷、《王昌龄诗集》3卷、《王昌龄诗格》等。

王昌龄：诗有三境

　　王昌龄在《诗格》中谈道："诗有三境：一曰物境。欲为山水诗，则张泉石云峰之境，极丽绝秀者，神之于心，处身于境，视境于心，莹然掌中，然后用思，了然境象，故得形似。二曰情境。娱乐愁怨，皆张于意而处于身，然后弛思，深得其情。三曰意境。亦张之于意而思之于心，则得其真矣。"在这里，王昌龄将诗的境界分为三种类型：一是物境，描写自然山水境界的诗；二是情境，描写人生情感境界的诗；三是意境，描写内心意识境界的诗。与"物境""情境"相比，"意境"更抽象、更主观，是更高层次之境。此处"意境"非指现代文学艺术中所讲的"意境"，乃指"张之于意而思之于心，则得其真"的境界。主要指诗歌艺术形象所表现的内心感受、体会、认识。"得其真"的涵义即为"得意"。王昌龄关于"诗有三境"的观点，对于我们如何阅读、欣赏古人诗作，将有借鉴意义。无论是阅读"物境""情境"之诗，还是阅读"意境"之诗，都要把握诗的境界，都要做到身处其境，神之于心，思之于心，方能得其真矣。

王昌龄：诗有五趣向

　　王昌龄在《诗格》中提出"诗有五趣向"的观点，即"一曰高格，二曰古雅，三曰闲逸，四曰幽深，五曰神仙。高格一：曹子建诗'从君过函谷，驰马过西京'。古雅二：应休连诗 '远行蒙霜雪，毛羽自摧颓'。闲逸三：陶渊明诗'众鸟欣有托，吾亦爱吾庐'。幽深四：谢灵运诗'昏旦变气候，山水含清辉'。神仙五：郭景纯诗'放情凌霄外，嚼蕊挹飞泉'。"

　　王昌龄在此将诗的总体风格分为五种，并通过魏晋南北朝时期五位诗人的诗作来诠释此五种不同的风格，即高格、古雅、闲逸、幽深与神仙。高格，是指诗立意高远；古雅，是指诗含蓄雅致；闲逸，是指诗恬淡悠闲；幽深，是指诗意蕴深远；神仙，是指诗飘逸空灵。了解诗的这五种不同风格，有利于我们更好地品鉴古代诗歌，提高自己的欣赏水平和写作能力。

李 白

　　李白，唐代诗人，字太白，号青莲居士，一般认为是绵州昌隆（今四川江油）人，一说祖籍陇西（今甘肃天水），被后人誉为"诗仙"。今存诗 900 余首，散文 60 多篇，有《李太白文集》传世。

李　白：鲁叟谈五经，白发死章句

　　李白在诗中谈到了他的读书观。他在《嘲鲁儒》一诗中谈道："鲁叟谈五经，白发死章句。问以经济策，茫如坠烟雾。"他认为，鲁地的儒生只会空谈《五经》，白发皓首只能死守章句。若问其经国济世之策，也是茫茫然如坠烟云，一头雾水。从李白的诗中看到，读书要读活，不能死读书。所谓读活，就是要将读与用结合起来，将读书的成效转化为经国济世之策，为国家治理和社会发展建言献策，贡献智慧。

白居易

　　白居易，唐代诗人，字乐天，号香山居士。祖籍太原，到其曾祖父时迁居下邽（今陕西渭南），又称下邽人。自幼聪明，五六岁作诗，九岁知声韵。他一生留下3000篇诗作，其叙事长诗《琵琶行》在艺术上达到很高成就。他提出了比较系统的诗歌理论；曾将诗歌喻为果树，并提出"根情、苗言、华声、实义"的诗歌论点。

白居易：文章合为时而著

　　白居易在《与元九书》中谈道："自登朝来（即自在朝廷为官以来），年齿渐长，阅事渐多。每与人言，多询时务；每读书史，多求理道。始知文章合为时而著，歌诗合为事而作。"在这里，白居易强调无论是做文章还是写诗歌，都要注重两个方面的要求：一方面，要为时代立言，发时代之先声，回应时代的关切；另一方面，要反映社会现实，贴近社会实际。白居易的论述，深刻阐述了文学创作与现实的关系问题，对我们阅读欣赏和学习创作都有现实意义。

杜　甫

　　杜甫，唐代诗人，字子美，生于河南巩县。在诗歌艺术方面，集古典诗歌之大成，并加以创新和发展，被后人尊为"诗圣"，对其后历代诗歌创作产生了巨大影响。除此之外，他在阅读方面也给后人留下不少名言，影响深远。现与各位书友分享其中流传甚广的两则佳句。

杜　甫：读书破万卷，下笔如有神

其一："读书破万卷，下笔如有神。"语出杜甫《奉赠韦左丞丈二十二韵》："纨绔不饿死，儒冠多误身。丈人试静听，贱子请具陈。甫昔少年日，早充观国宾。读书破万卷，下笔如有神。"此处，杜甫提出"读书破万卷，下笔如有神"，意在提倡博览群书，书读多了，写起文章，方可下笔敏捷，得心应手，有如神助一般。

其二："富贵必从勤苦得，男儿须读五车书。"语出杜甫的《柏学士茅屋》："碧山学士焚银鱼，白马却走深岩居。古人已用三冬足，年少今开万卷余。晴云满户团倾盖，秋水浮阶溜决渠。富贵必从勤苦得，男儿须读五车书。"此处，杜甫明确提出，男儿首先要苦读书，其次要多读书。古人将冬天分为农历十月、十一月、十二月共三个月，故称"三冬"。用足"三冬"，即是用足全部时间来读书。

韩　愈

　　韩愈是唐代文学家、哲学家，河南孟县人。他与柳宗元等人倡导古文运动，开辟了唐宋以来古文的发展道路。在读书方面，韩愈有诸多见解，值得借鉴。

韩　愈：读书"四患"

此前，曾经与书友们分享了西汉经学家、目录学家、文学家刘向的"为学三患"，即"君子博学，患其不习；既习之，患其不能行之；既能行之，患其不能以让也"。今天与大家分享韩愈的"读书四患"。韩愈在他的《赠别元十八协律六首》中，提出了读书"四患"。他写道："读书患不多，思义患不明。患足己不学，既学患不行。"韩愈认为，读书学习，担心的是学得不够多；领会要义，只怕悟得不够透；以为自己学得差不多了，从而骄傲自满，停止学习；已经学了的东西最怕不能掌握，不付诸实践，不付诸行动。我们在读书学习中，也要克服古人早已看到的"四患"，做到多读多思，终身为学，知行合一。

柳宗元

　　柳宗元，唐代文学家、哲学家。字子厚，河东（今山西永济）人，世称柳河东。少时聪颖，四岁即能读十四篇古赋。在哲学上，他认为宇宙的本原是"元气"，不存在造物之神。在文学上，他与韩愈同是唐代古文运动的倡导者，主张"文者以明道"，反对内容不合于道而片面追求形式华美的作品，有《柳宗元集》传世。

柳宗元：读书"三勿"

柳宗元在《柳宗元集·报袁君陈秀才避师名书》中谈道："求孔子之道，不于异书。秀才志于道，慎勿怪、勿杂、勿务速显。道苟成，则悫然（意指笃实）尔，久则蔚然尔。源而流者，岁旱不涸，蓄谷者不病凶年，蓄珠玉者不虞殍死矣。然则成而久者，其术可见。虽孔子在，为秀才计，未必过此。"

柳宗元劝告陈秀才，求孔子之道，不要寻求奇异之书，须从孔子之书开始，譬如《论语》等。为此，柳宗元提出，为学求道要慎重选择所读之书，做到"三勿"，即"勿怪、勿杂、勿务速显"。不要寻求荒诞怪异之书，不要选择杂乱无序之书，也不要急于求成。一旦久久用功，自然将得到为文之道。柳宗元谈到的"三勿"，对我们当下读书很有借鉴意义。

杜　牧

　　杜牧，唐代诗人。字牧之，京兆万年（今陕西西安）人。因居长安城南樊川别墅，后世称其为杜樊川。文学创作多有成就，诗、赋、古文都是名家。其所作七言绝句《清明》脍炙人口："清明时节雨纷纷，路上行人欲断魂。借问酒家何处有，牧童遥指杏花村。"其所写《阿房宫赋》，鞭辟入里，寓意深远，流传至今。有《樊川集》等传世。

杜　牧：一日读十纸，一月读一箱

　　杜牧在《樊川集·冬至日寄小侄阿宜诗》中写道："愿尔一祝（同'嘱'）后，读书日日忙。一日读十纸，一月读一箱。"在这里，杜牧谈到了一个如何处理读书时间的问题，值得我们借鉴学习。日常之中，读书与工作、读书与生活经常发生时间上的冲突，顾此失彼，难以两全。实际上，有不少人往往以没有时间读书为由，而放弃了读书。从杜牧的诗中看到，我们可以采取"积小胜为大胜"的方法，每天再忙，也可抽出少量时间读十页书，即"一日读十纸"，时间长了，一年下来，就可以读好几本书。不说"一月读一箱"，一年或可读一箱。一生下来，则可到达"读书破万卷"的高峰。如此看来，忙不是人们不读书的理由，只要有决心和恒心，即使工作和生活再忙，也都可以找到读书的途径，品味浓郁的书香。

司空图

　　司空图，唐代诗论家、诗人，字表圣，河中（今山西永济）人。在诗论方面，他提倡"咸酸之外"的"味外之旨"和"近而不浮，远而不尽"的"韵外之致"，以及"象外之象，景外之景"。有诗论专著《二十四诗品》（简称《诗品》）传世。

司空图：诗有二十四种

　　司空图在《诗品》中，将诗歌的风格分为二十四种，即"雄浑、冲淡、纤秾、沉着、高古、典雅、洗炼、劲健、绮丽、自然、含蓄、豪放、精神、缜密、疏野、清奇、委曲、实境、悲慨、形容、超诣、飘逸、旷达、流动"等。司空图对诗的艺术风格进行了系统地梳理，对每一种诗的风格用十二句四言韵语做了生动形象的描述。如纤秾，即"采采流水，蓬蓬远春，窈窕深谷，时见美人"；高古，即"畸人乘真，手把芙蓉"；洗炼，即"如矿出金，如铅出银"；含蓄，即"不著一字，尽得风流"等。司空图对诗的类别与风格的论述，很有见地，为我们学习古代诗歌提供了重要参考。

孟 郊

　　孟郊，唐代诗人，字东野，湖州武康（今浙江德清）人，祖籍平昌（今山东临邑）。在诗作方面，以苦吟著称。后人将孟郊、贾岛并称为苦吟诗人的代表。艺术上擅长用白描手法，少用典故辞藻。《游子吟》即体现了他的创作风格："慈母手中线，游子身上衣。临行密密缝，意恐迟迟归。谁言寸草心，报得三春晖。"孟诗现存 500 多首，有《孟东野诗集》传世。

孟　郊：人学始知道，不学非自然

孟郊在《劝学》一诗中写道："击石乃有火，不击元（即原本）无烟。人学始知道，不学非自然。万事须己运，他得非我贤。青春须早为，岂能长少年。"《劝学》一诗对我们有三点启示：一是获取知识靠学习。他以击石取火，比喻人之学习。他认为，人们的学习也是如此。只有通过学习，才能懂得知识。如果不学习，知识不会自然而得。二是他人的知识不能代替自己的努力。"万事须己运，他得非我贤。"三是学习趁年少，莫负好时光。"青春须早为，岂能长少年。"

曾　巩

　　曾巩，宋散文家，"唐宋八大家"之一。字子固，建昌军南丰（今江西南丰县）人。在文学理论上，他主张先道而后文，其散文以议论见长。有《元丰类稿》传世。

曾　巩：为学难在知其精微

　　曾巩在《元丰类稿·说苑目录序》中谈道："夫学者之于道，非知其大略之难也，知其精微之际固难矣。"他又在《元丰类稿·王容季文集序》中指出："其言微，故学者所不得不尽心。能尽心，然后能自得之。"在这里，曾巩谈到了读书的精与略问题。在他看来，为学之难在知其精微，真正掌握文章之道，要在精微之处下功夫。知其大略容易，一带而过即可，但为学与读书的效果甚微。所以，曾巩提出要尽心。唯有尽心，方能得文章之道。

司马光

　　司马光，北宋政治家、史学家，著有《资治通鉴》《温国文正司马公文集》等。他在阅读方面，强调读书首先在于明道，反对追求利禄。同时，他还提出了许多读书的方法，现与读者们分享其中三点论述。

司马光：读书在得道利民

一是主张"读书在得道利民"。司马光在《与薛子立秀才书》中谈道："士之读书岂专为利禄而已哉？求得位而行其道以利斯民也。国家所以求士者，岂徒用印绶粟帛宠其人哉？亦欲得其道以利民也。"司马光认为，读书要超越自我，超越利禄，不仅要明大道、求大道，还要有为民情怀，为民而读。

二是主张"读书在正心、修身、齐家、治国"。司马光在《进〈孝经〉指解剖子》中写道："所谓学者，非诵章句、习笔札、作文辞也，在于正心、修身、齐家、治国、明明德于天下也。"在此，司马光强调读书要注重提高修为，涵养情操，还要利于社会、利于国家、利于天下。

三是主张"书不可不成诵"。《三朝名臣言行录》记载了司马光的一段话："书不可不成诵，或在马上，或中夜不寝时，咏其文，思其义，所得多矣。"诵者，朗诵，或背诵，或吟诵。司马光提倡，书要反复诵读，反复琢磨，或在马背上，或在未寝时，多思则多得。

欧阳修

　　欧阳修，宋代文学家、史学家，古文运动的倡导者之一，"唐宋八大家"之一，有《欧阳文忠公文集》传世。在阅读方面，欧阳修平生唯好读书，主张好读、勤读、多读、巧读。

欧阳修：坐则读经史，卧则读小说

　　欧阳修在《归田录》一文中说："在西洛（即西京洛阳）时，尝语寮属，言平生惟好读书，坐则读经史，卧则读小说，上厕则阅小辞，盖未尝顷刻释卷也。"此处，"小说"一词，指经书以外的诸子百家以及杂记、笔记等。"小辞"指词曲小令。欧阳修主张读书要做到好读、勤读、多读、巧读。从欧阳修的言谈之中，我们似乎看到了他勤奋读书的忙碌身影，或坐或卧，抑或如厕之时，充分利用分分秒秒看书。不仅如此，他在《归田录》的同一篇文章中，还谈及作文章要做到"三上"。"余平生所作文章，多在三上，乃马上、枕上、厕上也。盖惟此尤可以属思尔。"所谓"三上"，就是利用马上、枕上、厕上即一切能利用的时间，思考文章的构思布局，遣词造句，打好腹稿。写文章如此，读书亦如此，要如饥似渴，抓住一切时间，多读多思。

张 载

张载，宋代哲学家，原籍大梁（今河南开封），生于长安（今陕西西安），长期在陕西郿县横渠镇讲学，被时人称为横渠先生。其弟子多为关中人，学派被称为"关学"。有《正蒙》《横渠易说》《文集》《张子语录》传世。他在如何读书方面，提出了许多独到见解，现就其中读书求疑的论述，与书友们分享。

张　载：读中求疑

其一，张载倡导读中求疑，倡导"于不疑处有疑"。张载在《经学理窟》一文中谈道："所以观书者，释己之疑，明己之未达。每见每知所益，则学进矣；于不疑处有疑，方是进矣。"张载提出读书要做到读中求疑，很有意义。我理解，读中求疑有两层含义：一是读书过程中，"释己之疑"，解决自己不懂的问题。一遍读不懂，不懂即是疑。再读几次，或许读懂了，释己之疑。二是读书过程中，提出自己的怀疑。对所读文章、所读书籍的观点、论据、史实等，"于不疑处有疑"，或发现书中的错讹，或提出自己的质疑，或产生自己新的见解。如此求疑，读书记得更牢固，读书更有收获，读书更有进步。读书求疑，岂不妙哉？

其二，指出"学者四失"。张载在《正蒙》中提出："学者四失：为人则失多，好高则失寡，不察则易，苦难则止。"他认为，读书人有时会存在四个方面的失误：一是自己欠思考，虽然听他人说了很多，但易流于庞杂；二是好高骛远，限于孤陋寡闻；三是不做仔细考察，轻易下断语；四是对待疑难问题畏难止步。我们在读书时，也要克服"学者四失"这些毛病，多学多思，知难而进。

苏 轼

　　苏轼，宋代文学家、书画家，四川眉山人。他对文学和艺术创作倾注了毕生精力，在诗、词、散文、书画等方面取得了独到的成就，有《东坡七集》传世。他在阅读方面也有不少独到见解，如"八面受敌读书法""观博而约取，厚积而薄发""治生不求富，读书不求官"等。在此，与读者们主要分享"八面受敌法"。

苏　轼：八面受敌法

　　苏轼在《经进东坡文集事略·又答王庠书》中对"八面受敌"读书法作了详细阐述："卑意欲少年为学者，每一书皆作数过尽之。书富如入海，百货皆有。人之精力，不能兼收尽取，但得其所欲求者尔。故愿学者，每次作一意求之。如欲求古今兴亡治乱，圣贤作用，但作此意求之，勿生余念。又别作一次，求事迹故实、典章文物之类，亦如之。他皆仿此。此虽愚钝，而他日学成，八面受敌，与涉猎者不可同日而语也。"苏轼认为，一本书往往包含多方面的内容，"书富如入海，百货皆有"。人们在读书时，往往感到书中的内容十分丰富，处处都是想学的知识，但不知从何下手。苏轼提出，读书精力毕竟有限，每次不能同时做到兼收尽取。但是，人们可以从不同的需要或不同的角度，"每次作一意求之"。每次取一个主题，一个角度，一个方面，如此反复研读，以解决不同的问题。这样步步深入，就能读懂整本书籍。就像打仗那样，将敌化整为零，各个击破，他日学成，终有所获。由此看来，所谓"八面受敌"法，意思是将所读之书分为若干方面去读。这不是浮光掠影，更不是走马观花地涉猎，而是一种精读的读书方法。

　　毛泽东在《关于农村调查》中称赞说："苏东坡用'八面受敌'法研究历史，用'八面受敌'法研究宋朝，也是对的。今天我们研究中国社会，也要用个'四面受敌'法，把它分成政治的、经济的、文化的、军事的四个部分来研究，得出中国革命的结论。"

王安石

　　王安石，宋代政治家、文学家。字介甫，号半山，抚州临川（今江西抚州市）人。他是北宋诗文革新运动的参与者，主张"文章合用世"。有《临川先生文集》传世。

王安石：开编喜有得，一读瘳沉疴

王安石在《临川先生文集·送石赓归宁》中写道："文章旧所好，久已废吟哦。开编（同'篇'）喜有得，一读瘳（即病愈）沉疴。"在这里，王安石从自己的体会和感受出发，谈到了读书的功能以及对人的作用。他认为，以前喜欢读文章，但早已废弃了吟诵。如今开篇喜有所得，读后感觉多年的病就治愈了。这就是人们常说的读书可以治病。西汉经学家刘向曾经提出："书犹药也，善读之可以医愚。"刘向是从治愚的角度，提出读书的作用可以治愚，这是显而易见的。王安石从治病的角度来讨论读书的作用，明确提出读书可以治病。这一观点是否成立呢？我认为，王安石的观点是成立的。人们很早以前就认识到了读书或阅读对疾病治疗的辅助作用。据说，古代埃及底比斯城有一家图书馆的正门上方就刻着"医治灵魂的良药"字样。读书可以养心，使人们焦躁的心情安定下来，忧郁的心情快乐起来。心情好起来，病就痊愈得快。读书对心理疾患更有治疗作用。所以，读书的作用是多方面的。读书不仅养性，还可养心；读书不仅治愚，还可治病。

王安石：读经不足以知经

王安石在《临川先生文集·答曾子固书》中谈道："读经而已，则不足以知经。故某自百家诸子之书，至于《难经》《素问》《本草》诸小说（即杂书），无所不读；农夫女工，无所不问，然后于经为能知其大体而无疑。"

在王安石看来，对于古代流传至今的经典之书，如《诗》《书》《易》《礼》《春秋》等，就经典读经典，则不足以读懂、读通。要在博览群书中融会贯通，在多方比较中辨明真伪，在向农夫女工学习请教中加深理解。如此，才能读好、读懂经典之书。王安石的观点给我们以启示：一是不能死读书；二是博专要结合；三是要多向劳动者学习请教，读好社会之书、无字之书。

黄庭坚

黄庭坚，宋代诗人、文学家、书法家。字鲁直，号山谷道人，洪洲分宁（今江西修水）人。黄庭坚自幼好学，功力深厚，胸襟旷达，学识渊博，诗歌创作独树一帜。有《豫章先生文集》等传世。

黄庭坚：作诗作文，无一字无来处

黄庭坚在《豫章先生文集·答洪驹父书》中说："老杜作诗，退之作文，无一字无来处，盖后人读书少，故曰韩杜自作此语耳。古之能为文章者，真能陶冶万物。虽取古人之陈言入于翰墨，如灵丹一粒，点铁成金也。"

黄庭坚由老杜（杜甫）作诗、退之（韩退之，即韩愈）作文，谈到了诗文之中用典、用词甚至用字，都要有出处，有说法，都要立得住。因为立得住，有出处，古代圣贤的文章能发挥陶冶万物的作用，引用到文章之中，就能起到灵丹之妙用，点铁成金之功效。黄庭坚的观点有其借鉴意义：一是作诗作文，要严谨慎重，遣词、造句和用典要有来处，对读者负责；二是要提高文字修养和写作功夫，必须多读书、熟读书、活读书。

黄庭坚：好作奇语，自是文章病

黄庭坚在《豫章先生文集·与王观复书》写道："好作奇语，自是文章病。但当以理为主，理得而辞顺，文章自然出类拔萃。观杜子美到夔州后诗、韩退之自潮州还朝后文章，皆不烦绳削（即删减）而自合矣……文章盖自建安以来，好作奇语，故其气象衰苶（精神不振），其病至今犹在。唯陈伯玉、韩退之、李习之，近世欧阳永叔、王介甫、苏子瞻、秦少游乃无此病耳。"

　　黄庭坚在文章中谈到了一个重要的文风问题。他明确提出，好作奇语，是写文章的一大毛病。建安（东汉末建安年间）以降，许多文人为文喜欢奇特之语，刻意追求奇异，使人难懂，文章气象日渐衰败。他认为，写文章当以理（即义理）为主，义理得当，文辞通达，文章自然出类拔萃。黄庭坚的观点或给我们读书写作带来两点启示：一是阅读欣赏和评价文章，要以文章的内容观点为主，不能以文之奇语为上，本末倒置；二是写文章要重在表达思想观点，专注内容，力争明白通达，让更多的人看懂，不能把精力放在文辞的标新立异上。

黄庭坚：心地收汗马之功，读书乃有味

　　《苕溪渔隐丛话》卷四十九中记载了黄庭坚的一段谈话："山谷云：古人有言：'并敌一向，千里杀将。'要须心地收汗马之功，读书乃有味，弃书策而游息，书味犹在胸中，久之乃见古人用心处。如此，则尽心于一两书，其余如破竹节，皆迎刃而解也。"在这里，黄庭坚着重谈的是如何集中精力读书，以求获得读书成效的问题。古人讲集中兵力于敌人一个方向，即使长驱千里，也可擒杀敌将。他认为，读书如打仗。要收到读书功效，

首先要集中精力于一处，务求攻坚突破。其次，要做到"心地收汗马之功"，尽心读书，专心研读。如此，读书才能读出味道，品出书香，读出成效。黄庭坚的话，对我们当下繁纷世界中的读书坚守，既是一种激励，更是一种鞭策。

陈 善

陈善，宋代学者，字子兼，一字敬甫，号秋塘，福建罗源人。有《扪虱新话》两集八卷传世。

陈　善：读书须知出入法

陈善在读书方面的论述不多，但有一段谈读书方法的论述很是精辟，值得与书友们分享。他在《扪虱新语》中谈道："读书须知出入法。始当求所以入，终当求所以出。见得亲切（即真切），此是入书法；用得透脱（即透彻），此是出书法。盖不能入得书，则不知古人用心处；不能出得书，则又死在言下。惟知出知入，得尽读书之法也。"陈善的读书须知出入法，对读书的过程、读书的方法、读书的意义作了精辟的论述。读书要知入，所谓"入"即"见得亲切"，要读得仔细，了解古人用心处；读书要知出，所谓"出"即不被文章的词句死死束缚，运用灵活。陈善读书法给人的启示是，读书要做到看得真切，用得透彻，读懂与运用相结合，才能使读书更有意义，更有收获。

陆　游

　　陆游，宋代诗人，字务观，号放翁，越州山阴（今浙江绍兴）人。自幼好学不倦，自称"我生学语即耽书，万卷纵横眼欲枯"。有《陆放翁全集》传世。在论及读书方面，陆游有几则名言流传至今，给我们以启示，现与大家分享。

陆　游：纸上得来终觉浅

其一，"纸上得来终觉浅，绝知此事要躬行。"陆游在《剑南诗稿·冬夜读书示子聿》中谈道："古人学问无遗力，少壮工夫老始成。纸上得来终觉浅，绝知此事要躬行。"在这里，陆游一方面道出了古人读书、做学问从来不易，须勤奋刻苦，不遗余力，少年努力，老有所成；另一方面更强调了从书本上得到的知识终归是不够的，与实际相比还是肤浅的。如果要真正理解和掌握书本中的知识，把书本知识变为实际的本领，还是要靠躬身践行。

其二，"读书本意在元元。"陆游在《剑南诗稿·读书》中提出："归老宁无五亩园，读书本意在元元。灯前目力虽非昔，犹课蝇头二万言。"这里，"元元"是指庶民、百姓。陆游认为读书不是为了富贵而读，是为了百姓而读，表达了陆游高尚的读书情怀，值得我们学习。

朱　熹

　　朱熹，宋代哲学家，字元晦，今江西婺源人。从事教育工作 40 年，对于经学、史学、文学、佛学、道教以及自然科学都有涉及，著作颇丰，有《四书集注》《四书或问》《太极图说解》《通书解》《周易本义》《易学启蒙》《朱子语类》等。其子朱在编辑有《朱文公文集》传世。

朱　熹：读书贵专不贵博

　　朱熹读书广泛，治学严谨，在读书方面多有论述。他主张熟读精思，读书贵专不贵博。他在《朱文公文集·答沈叔晦》中提出："与其泛观而博取，不若熟读而精思，得尺吾尺，得寸吾寸，始为不枉为功力耳。"朱熹认为，读书的目的是要有所获，即有所得。与其泛泛浏览，过目就忘，一无所获，不如多读几遍，边读边思，读熟了，认真思考了，就会有收获。得一寸是一寸，得一尺是一尺，也不枉读一回。所以，朱熹在《朱文公文集·答朱朋孙》中更加明确提出："夫学非读书之谓，然不读书又无以知为学之方，故读之者贵专而不贵博。盖惟专为能知其意而得其用，徒博则反苦于杂乱浅略而无所得也。"朱熹强调，读书要注重专一，而不是注重广博。唯有专一，读书才有效用。我体会朱熹讲的"专一"，不是说不要多读书，而是要读懂、读好每本书，反对那种为"博"而博而又一无所获的读书行为。朱熹的观点很有意义。每个人的精力是有限的，时间也是非常宝贵的，为了不枉费精力，浪费时间，要注重读好每一本书。开卷不仅要有益，还要开卷有得。

朱　熹：读书有"三到"

《古今图书集成·训学斋规》记载了朱熹的两段话，谈到了两种读书方法，值得品味。

其一，读书要诵读。"凡读书须读得字字响亮，不可误一字，不可少一字，不可多一字，不可倒一字，不可牵强暗记（模糊记着）。只是要多诵遍数，自然上口，永久不忘。古人云：'读书千遍，其义自见。'谓读得熟，则不待解说，自晓其义也。"在这里，朱熹强调读书要一字不错，认认真真读，还要大声地读，反反复复读，达到"读书千遍，其义自见"的目的。2021 年 2 月 14 日，《人民日报》刊载了中国杂交水稻专家袁隆平谈读书的文章《常做思维的体操》。他谈到了诵读的好处："我发现放声朗读是一种很好的读书方法。它可以强化记忆，刺激思维，加深对文章的理解，还可以训练普通话，锻炼肺活量。"

其二，读书有"三到"。"余尝谓，读书有'三到'，谓心到，眼到，口到。心不在此，则眼不看仔细，心眼既不专一，却只漫浪诵读，决不能记，记亦不能久也。'三到'之中，心到最急。心既到矣，眼口岂不到乎？"朱熹关于读书"有三到"的论述，与读书要诵读的观点实质上是一致的。有口无心，读也白读。所以，"三到"之中，心到最为重要。

朱 熹：何谓善读书?

朱熹在《朱子语类》中，对善读书的问题多有论述。

其一，"一心在书上，方谓善读书"。朱熹在《朱子语类》中谈道："读书者当将此身葬在此书中，行住坐卧，念念在此，誓以必晓彻为期。看外面有甚事，我也不管，只恁一心在书上，方谓之善读书。"此处，朱熹所谓"善读书"，即善在"心上"，做到读书时心无旁骛，雷打不动。如果心不在焉，千万种读书方法也是枉然。

其二，"读书取四宁"。朱熹在《朱子语类》中说："读书，须是遍布周满。某尝以为宁详毋略，宁下毋高，宁拙毋巧，宁近毋远。"朱熹的"读书四宁"，取的是一种实事求是的态度，不要好高骛远，也不要投机取巧，而是要脚踏实地，循序渐进，量力而行。

其三，"冷看与熟读"。朱熹在《朱子语类》中谈到如何读《论语》《孟子》。他说："看《孟子》与《论语》不同：《论语》要冷看，《孟子》要熟读。《论语》逐文逐意各是一义，故用仔细静观；《孟子》成大段，首尾通贯，熟读文义自见，不可逐一句一字上理会也。"从朱熹论述中可以看到，读书的具体方法，不能千篇一律，要因书而异，还要因人而异。

张 栻

张栻，宋代理学家，字敬夫，号南轩，广汉（今四川广汉市）人，后迁湖南。在哲学上，他主张"理"是世界的本原，"理"借助"气"而生万物，人们的认识和修养在于居敬而穷理。有《论语解》《孟子说》等传世。

张　栻：读书欲自博而趋约

　　张栻在《宋元学案·南轩答问》中谈道："读书欲自博而趋约，此固前人规模，其序固当尔。但旁观博取之时，须常存趋约之意，庶不至溺心。又博与杂，相似而不同，不可不察也。"

　　张栻在这里谈到了古代先贤关于读书博与约的关系问题。子思主张"博学之"，广博地学习。朱熹主张熟读精思，读书贵专不贵博。他曾经提出："与其泛观而博取，不若熟读而精思，得尺吾尺，得寸吾寸，始为不枉为功力耳。"事实上，博与专并不矛盾。张栻的观点比较全面，他谈了两层意思：一是读书要由博而后约，即由广而专，由多而精，特别是要有"趋约"的意识。二是要区分"博"与"杂"两个概念。"博"是强调多读书，但不是读那些荒芜杂乱、阅读价值不高的书籍；"约"也要强调在多读的基础上，择其精华而取之。由此看来，"博"与"约"是既相互联系又相互贯通的读书过程与读书方法。

吕祖谦

吕祖谦，宋代史学家、思想家。字伯恭，浙江婺州（今浙江金华）人，学者称其为东莱先生，与朱熹、张栻齐名，并称"东南三贤"。在哲学上主张"心即天也，未尝有心外之天；心即神也，未尝有心外之神"。有《东莱左氏博议》《吕东莱文集》传世。

吕祖谦：为学须是一鼓作气

　　吕祖谦在《宋元学案·东莱学案》中谈道："为学须是一鼓作气，间断便是非学，所谓'再而衰'也。""一鼓作气"源自《曹刿论战》："一鼓作气，再而衰，三而竭。"吕祖谦在这里借"一鼓作气"来比喻为学读书。他认为，读书学习要做到一鼓作气，将一个问题钻研透彻，将一部书连续读完，不可间断，不可半途而废。"间断便是非学"，是极而言之，强调的是不可"衰而竭"。吕祖谦的观点对我们有所启示，也是一种警示：当下读书，时间和精力十分有限，往往是开头容易，坚持难。"初心易得，始终难守。"一个问题钻研到底，方有所得；一部书坚持读完，终有所获。读书学习，需要持之以恒的毅力，需要一鼓作气的劲头！

吕祖谦：惟出窠臼，然后有功

　　吕祖谦在《宋元学案·东莱学案》中谈道："今之为学，自初至长，多为所习熟为之，皆不出窠臼外。惟出窠臼外，然后有功。"在这里，吕祖谦谈到了读书时的一个深层问题，就是学与思、读与用的问题。在吕祖谦看来，为学读书，不能满足于"习熟为之"和背诵章句，而是要跳出窠臼，才会有成效。所谓跳出"窠臼"，我领会有两层意思：一是要跳出书本，学会独立思考。对书本中传授的知识、阐述的问题，要作出自己的思考和判断。二是要跳出书本，回到实际运用中去。要把读与用结合起来，读出成效。由此看来，吕祖谦跳出窠臼的观点，对我们今天的读书学习不无启示。

陆九渊

陆九渊,宋代哲学家,字子静,号存斋,抚州金溪(今江西)人,因在江西象山讲学,人称象山先生。在哲学上主张"心即理""宇宙便是吾心,吾心便是宇宙"。有《象山先生全集》等传世。

陆九渊：开卷读书，平心定气

陆九渊在《象山先生全集·与刘深父》中谈道："开卷读书时，整冠肃容，平心定气，诂训章句，苟能从容勿迫而讽咏之，其理当自有彰彰者。"在这里，陆九渊谈到了读书的心态问题。就读书而言，每个人的情况各异，每个人的心态也不尽相同。尤其是当下，可读之书多，可看的媒介多，信息铺天盖地，目不暇接。相反，人们读书的时间越来越少，安下心来读书好像变得越来越困难。在这种情况下，人们读书的心态自然就难以保持"平心定气"。陆九渊主张，开卷读书时，要整齐衣冠，严肃面容，平心定气，从容不迫。唯有这样，才能细细品味书中含义，书中道理就会彰显明白。陆九渊的读书主张对当下读书好似一剂良药。读书不仅养性，读书还能养心。唯有平心定气，开卷方可有益。

陆九渊：学苟知本，《六经》皆我注脚

陆九渊在《象山先生全集·语录上》中谈道："《论语》中多有无头柄的说话，如'知及之，仁不能守之'之类，不知所及所守者何事；如'学而时习之'，不知时习者何事。非学有本领，未易读也。苟学有本领，则知之所及者，及此也；仁之所守者，守此也；时习者，习此也；说者，说此；乐者，乐此。如高屋之上建瓴水矣，学苟知本，《六经》皆我注脚。"

陆九渊在这里提出了"《六经》皆我注脚"的观点。这一观点已为许多书友知晓，但在理解上多有歧义。有一种理解认为，《诗》《书》《易》《礼》《乐》《春秋》等六经之书，皆是我的注释。我认为，这种理解不够全面，也不符合陆九渊的本意，而是要从他的哲学思想方面去理解。陆九渊在哲学上主张"心即理"，认为"宇宙便是吾心，吾心便是宇宙"。在陆九渊看来，"学苟知本"是"《六经》皆我注脚"的前提。"本"即本心，是与"天理"相合的本心。"学苟知本，《六经》皆我注脚"的意思是，如果通过学习发现了自己的"本心"，只要人的"本心"合乎天理，那么《六经》只不过是帮我们发现自己本心的注脚和文献而已。即使《论语》中有一些无头无尾的话，如"学而时习之"，虽不知"时习者何事"，等等，也不必拘泥于一字一词的具体理解，可谓"说者，说此；乐者，乐此"。陆九渊的这一观点，对我们阅读古代文献或有所帮助和启示。

陆九渊：读书切戒在慌忙，
涵泳工夫兴味长

陆九渊在《象山先生全集·语录上》中谈道："学者读书，先于易晓处沉涵熟复，切己致思，则他难晓者涣然冰释矣。若先看难晓处，终不能达。"举一学者诗云："读书切戒在慌忙，涵泳工夫兴味长。未晓莫妨权放过，切身须要急思量。自家主宰常精进，逐外精神徒损伤。寄语同游二三子，莫将言语坏天常。"

陆九渊在这里谈到了读书需要注意的两个问题：一是要先易后难。先从易处着手，再往难处思量，则难易兼得。"先于易晓处沉涵熟复，切己致思，则他难晓者涣然冰释矣。"反之，若先难后易，白费精神，则可能难易皆失，终不能达到读书效果。二是要保持好读书心态。读书本来是一种精神享受，需要神闲气定，更需要反复诵咏、静思琢磨。陆九渊引用一学者的诗文，来表达读书的心境："读书切戒在慌忙，涵泳工夫兴味长。"陆九渊的读书主张值得我们思考借鉴。

姜 夔

姜夔，宋代词人、诗人，人称白石道人。字尧章，饶州鄱阳（今江西）人。有《白石道人诗集》《白石道人诗说》等传世。

姜　夔：诗有四高妙

　　姜夔在《诗说》中谈道："诗有四种高妙：一曰理高妙，二曰意高妙，三曰想高妙，四曰自然高妙。碍而实通，曰理高妙；出自意外，曰意高妙；写出幽微，如清潭见底，曰想高妙；非奇非怪，剥落文采，知其妙而不知其所以妙，曰自然高妙。"姜夔对诗的论述确有独到之处，主张"语贵含蓄"，崇尚古朴自然、意趣高远。他从理、意、想、自然四个方面对诗的高妙作了归类提炼。其中又将"自然高妙"视为诗歌创作的理想境界。自然高妙，妙在使读者知其妙但一时又悟不出之所以妙的原因，使人反复揣摩，回味无穷。他在《诗论》中还提出，大凡诗，自有气象、体面、血脉、韵度，都不可失其度，失度则反。如韵度欲其飘逸，其失也轻。所以写诗还在于对艺术表达方式和写作技巧运用得当。我体会，掌握好度，得当而不失其度，就是妙处，就是高妙。姜夔的诗论，对我们学习欣赏诗歌确有启示。

陈 亮

　　陈亮，宋代思想家，字同甫，浙江永康人，永康学派代表人物。在宇宙观上，他认为自然和社会都有其"道"，而"道"离不开具体事物。在伦理观上，他主张"义利双行、王霸并用"。有《陈亮集》传世。

陈　亮：一日课一日之功，
月异而岁不同

陈亮在《陈亮集·赠武川陈童子序》中谈道："童子以记诵为能，少壮以学识为本，老成以德业为重。……故君子之道，不以其已能者为足，而尝以其未能者为歉，一日课一日之功，月异而岁不同，孜孜矻矻，死而后已。"陈亮认为，从儿童、壮年到老年，人的每一个阶段学习读书的要求和重点都不一样。尽管如此，人们都不要以自己所能为满足，而要以己所不能为憾事。为此，陈亮明确提出，要不断学习，持之以恒，做到"一日课一日之功"，即每天坚持完成每天的学业，日积月累，则功效自然彰显。同时，还要做到"孜孜矻矻，死而后已"，即具备勤勉不懈、终身奋斗的精神。

严 羽

　　严羽，宋代诗论家、诗人。字丹丘，自号沧浪浦客，邵武（今属福建南平）人。其主要成就在于诗歌理论，著有《沧浪诗话》《沧浪集》等。

严　羽：诗道在妙悟

严羽在《沧浪诗话》中谈道："大抵禅道惟在妙悟，诗道亦在妙悟，且孟襄阳（即孟浩然）学力下韩退之（即韩愈）远甚，而其诗独出退之之上者，一味妙悟而已。惟悟乃为当行，乃为本色。然悟有浅深，有分限，有透彻之悟，有但得一知半解之悟。汉魏尚矣，不假悟也；谢灵运至盛唐诸公，透彻之悟也；他虽有悟者，皆非第一义也。吾评之非僭也，辩之非妄也。"

严羽在这里谈到了诗歌创作中的一个重要问题，即诗歌创作的艺术思维规律、诗人的认知能力与诗歌的艺术境界问题。妙者，微妙、神妙、奥妙。老子曰："故常无，欲以观其妙。"悟者，觉也，觉悟，领悟。"妙悟"二字较早见于《涅槃无名论》，即"玄道在于妙悟，妙悟在于即真"。其意指特别的觉悟，聪慧的悟性。

严羽借此"妙悟"，讨论诗歌的创作问题。他的论述有三层含义：一是"妙悟"是与"学力"相对而论的。他认为，孟浩然的"学力"即基本功和整体成就不如韩愈，但其诗的水平在韩愈之上，是因为孟浩然有"妙悟"之能。二是"妙悟"是诗家的本色。即"惟悟乃为当行，乃为本色"。三是"悟"有深浅之分，或"透彻之悟"，或"一知半解之悟"。而"妙悟"乃是透彻之悟，心领神会之悟，是一种诗歌创作中的艺术直觉和极高的悟性能力。诚然，这种直觉能力也离不开平常知识和实践能力的积累。严羽的"妙悟"之说，值得我们思考。严羽将诗歌创作的艺术思维与人们一般讨论的理性思维作了区分，指出了诗歌艺术的创作规律，对我们学习和欣赏诗歌或有借鉴之处。

下

篇

程端礼

　　程端礼，元代教育家，字敬叔、敬礼，号畏斋，浙江鄞县（今宁波鄞州区）人。著有《程氏家塾读书分年日程》《畏斋集》等。

程端礼：读书更须反复玩味

　　程端礼在《程氏家塾读书分年日程》中对读书多有论述，其中提出"读书更须反复玩味"一说。他说："凡玩索一字一句一章，分看合看，要析之极其精，合之无不贯，去了本子，信口分说得出，合说得出，于身心体认得出，方为烂熟。朱子谆谆之训，先要熟读，须是正看背看，左看右看，看得是了，未可便道是，更须反复玩味，此之谓也。"

　　在这里，程端礼强调，读书紧要的是练就最基本的功夫。在新媒体高度发展、信息知识多样丰富的今天，要安静下来读一本书就很不容易，如若对一本书反复看几遍，那实在是难能可贵。不过，对读书人来说，程端礼的观点值得借鉴。就读经典而言，当"反复玩味"。"玩味"者，我体会有两层含义：一是要熟读，即对所读之书，一字一句一章，分看合看、正看背看、左看右看，去了本子，随口说出，烂熟于心；二是要领会琢磨，即反复思考，对书中内容，要领会含义，把握要义。

程端礼：读史当身立其朝，身任其事

　　程端礼在《程氏家塾读书分年日程》中谈道："看《通鉴》及参《纲目》。两汉以上，参看《史记》《汉书》，唐参《唐书》、范氏《唐鉴》。看取一卷或半卷，随宜增减。虽不必如读经之遍数，亦虚心反复熟看。至于一事之始末，一人之姓名、爵里、谥号、世系，皆当于细考求强记。又须分项详看。如当时君臣心德之明暗，治道之得失，纪纲之修废，制度之因革，国本之虚实，天命人心之离合，君子小人之进退，刑赏之当滥，国用之奢俭，税敛之轻重，兵力之强弱，外戚宦官之崇抑，民生之休戚，风俗之厚薄，外夷之叛服，如此等类，以项目写贴眼前，以备逐项思玩当时之得失。如当日所读项目无者，亦须通照前后思之，如我亲立其朝，身任其事。"

　　在此，程端礼为我们详尽介绍了读史的心得与方法，概括起来，最重要的是两条：一是读史要当亲立其朝，身任其事。要转换角色，将读者变为亲历者和当事者，让自己回到历史上的那个时代、那个朝代、那个事件中去，你才能看得更真切、更全面，才能理解得更深刻。二是要分项详看。读过往纷繁复杂的历史，不妨分项详看，分门别类。如程端礼所说，从史书中看出那个朝代的"治道之得失，纪纲之修废，制度之因革，国本之虚实"，"国用之奢俭"，还有那个社会的"税敛之轻重"
"民生之休戚，风俗之厚薄"，等等。经过分类梳理，
如此一来，读史就长知识，读书就更有收获。

宋　濂

　　宋濂，元末明初散文家，字景濂，先祖潜溪（今浙江金华）人，宋濂时迁至浦江（今浙江浦江）。宋濂自幼家贫好学，文章写得好，以传记小品和记叙性散文最为出色，被誉为明"开国文臣之首"。有《宋学士全集》或《宋学士文集》传世。

宋 濂：借书抄录，遍观群书

宋濂在《宋东阳马生序》中谈到了自己的读书故事："余幼时即嗜学，家贫，无从致书以观，每假借于藏书之家，手自笔录，计日以还。天大寒，砚冰坚，手指不可屈伸，弗之怠。录毕，走送之，不敢稍逾约。以是人多以书假余，余因得遍观群书。"

宋濂的读书故事为什么久为后人传诵？我体会或许有以下两个原因：一是宋濂苦读，感动后人。他自幼家贫，无钱买书，要看书，只能向他人借书来读。将借书变为抄，遇上天寒地冻，砚台如坚冰，手指不能弯曲，仍然抄书不止。这是何等的刻苦精神，值得我们学习。二是宋濂的读书故事给人们以启示：买书不如借书，借书不如抄书。借书催人看书，抄书便于记忆。借书要惦记还书，无形之中就逼迫自己尽快将书看完。当然，今天人们的条件已是今非昔比，多数人有条件买书。但是看与不看，这取决于人们的读书态度。

薛　瑄

薛瑄，明代学者，字德温，号敬轩，河津（今属山西）人。在理学方面，不同意朱熹"理在气先"的观点，而是主张"理在气中"。有《读书录》《薛文清集》传世。在读书方面，薛瑄提出读书有雅郑的观点，值得思考。

薛　瑄：读书有雅郑

　　薛瑄在《读书录》中谈道："岂独乐有雅郑邪？书亦有之。小学、四书、六经，濂、洛、关、闽诸圣贤之书，雅也，嗜者少也，何故？以其味之澹也。百家小说、淫词绮语，怪诞不经之书，郑也，莫不喜谈而乐道之，盖不待教督而好之者矣。夫何故？以其味之甘也。"在这里，薛瑄重点关注的是读书的选择和读书的品位。他认为，乐有雅郑之分，书亦有之。所谓雅郑，旧时指正声和淫邪之音。雅即雅乐，宫廷音乐；郑，即郑声，郑地音乐，儒家认为是"淫邪之音"。在薛瑄看来，雅者，味之淡薄（不浓），喜之者少。郑者，味之甘甜，喜之者多。然而，淡薄则人心平而天理存，甘甜则人心迷而人欲肆。他把书也分为雅郑，主张读书要读雅书，多读儒家经典和理学学派之书。尽管薛瑄对书的划分标准还值得商榷，但他提出的书有雅郑，读书要加选择，读书要读经典，这些观点在今天看来也很有意义。

薛　瑄：读书功夫在"寻思"

　　薛瑄在《读书录》中谈道："读书记得一句，便寻一句之理，务要见得下落，方有益。先儒谓读书只怕寻思，近看得'寻思'二字最好。如圣贤一句言语,便反复寻思:在吾身上,何者为是;在万物上,何者为是。使圣贤言语,皆有着落,则知一言一语,皆是实理,而非空言矣。"在此,薛瑄强调的是读书要做到边读书边思考。思考什么呢? 就是要思考每一句话的道理所在、含义所在,思考这句话的来龙去脉。对古代圣人之言,更要反复寻思,联系自身、联系万物去探究。如此,读书才有收获。我体会,薛瑄在这里强调的一句一句寻思,更多是针对读经典而言,讲的是精读,不是泛读,不是浏览一般的读物。

王阳明

王阳明是明代哲学家，本名王守仁，字伯安，号阳明，世称阳明先生，浙江余姚人。他在哲学上构建了一个心学体系，提出"心外无物、心外无理"的命题，形成了自己的"格物致知说""知行合一说""致良知说"。在读书方面，他也提出了许多独到见解。其中之一是读书有"三得"，即记得、晓得、明得。

王阳明：读书有"三得"

《传习录》是记录王阳明思想的一部语录体著作，是阳明心学的经典，共由上、中、下三卷组成。《传习录·以下黄省曾录》中记载："一友问：'读书不记得，如何？'先生曰：'只要晓得，如何要记得？'要晓得已是落第二义了，只要明得自家本体。若徒要记得，便不晓得；若徒要晓得，便明不得自家的本体。"王阳明在这里将读书方法分为三种，方法不同，读书的效果也不同。"记得"是第一种方法，能背诵、记得书中词句；"晓得"是第二种方法，能理解文章之义；第三种是"明得"，能明得自家本体。"自家本体"主要是指他提出的"心体良知"。"明得"是使心中的良知得以明亮起来，是致良知的功夫。从中看出，读书有三种方法、三个效果、三重境界，其中"明得"是最高的境界。

李 赞

　　李赞，明代思想家，号卓吾，福建泉州晋江人。原姓林，中举后改姓李。在哲学上，他主张万物皆由阴阳二气所生；在伦理观上，他提出"穿衣吃饭，即是人伦物理"的命题。他还主张男女平等，反对重男轻女。有《藏书》《焚书》等传世。

李　贽：老而乐学

李贽在《焚书·读书乐并引》中谈道："是以老而乐学，故作《读书乐》，以自乐焉。"

天生龙湖，以待卓吾；天生卓吾，仍在龙湖。

龙湖卓吾，其乐何如？四时读书，不知其余。

读书伊何？会我者多。一与心会，自笑自歌。

歌吟不已，继以呼呵。恸哭呼呵，涕泗滂沱。

歌匪无因，书中有人；我观其人，实获我心。

哭匪无因，空潭无人；未见其人，实劳我心。

……

束书不观，吾何以欢？怡性养神，正在此间。

……

歌哭相从，其乐无穷。寸阴可惜，曷敢从容！

李贽在《读书乐》中，谈到了读书给人带来的快乐和收获，我体会到读书有三层之乐：一是读书带来心情之乐。吟诗赏文，常为诗文感动，或自笑自歌，或恸哭呼呵，如此舒展心情，酣畅淋漓，岂不快哉！二是读书带来会友之乐。读书之时，常穿越时空，与书中人物对话，以书会友，实获我心，岂不乐哉？三是读书带来养性之乐。读书怡性养神，提高个人修养，岂不美哉？我们要珍惜光阴，尽情享受读书之乐！

王骥德

　　王骥德，明代戏曲作家、曲论家，字伯良，一字伯俊，号方诸生，别署秦楼外史，会稽（今浙江绍兴）人，有杂剧 5 种，今仅存《男王后》，传奇戏曲 4 种，仅存《题红记》。曾著《南词正韵》，曲论有《曲律》4 卷。其《曲律》在中国古典曲论著作中有重要地位。

王骥德：曲之佳处多读书

王骥德在《曲律》中谈到了词曲的创作及其与读书的密切关系，很有见地。他说："曲之佳处，不在用事（即典故），亦不在不用事。好用事，失之堆积；无事可用，失之枯寂。要在多读书，多识故实（典故），引得的确，用得恰好，明事暗使，隐事显使，务使唱去人人都晓，不须解说。"王骥德在此处谈及词曲的精妙之处，我认为有两层意义：一是写好词曲，要注意用典，做到恰到好处，通俗易懂。对待典故，不在于使用，也不在于不使用。多用典故，可能堆积。没有典故，可能文辞单调。常见的典故隐晦运用，冷僻的典故要明白运用，要使人人都能听懂，不需要另外解说。二是写好词曲，关键在于多读书。多读书，方可多见识典故事实，用时方能信手拈来，运用自如。

汤显祖

汤显祖，明代戏曲作家，字义仍，号海若，临川（今江西）人。出身书香门第，自小显露才华。代表作有《牡丹亭》（又称《还魂记》）、《邯郸记》《南柯记》《紫钗记》等。有《汤显祖集》传世。

汤显祖：善取益者自为益

汤显祖在《汤显祖集·诗文集·艳异编序》中谈道："从来可欣可羡可骇可愕之事，自曲士（即见识不广之人）观之，甚奇；自达人观之，甚平。……假令不善读《诗》者，而徒淫哇之词，顿忘惩创之旨，虽多亦奚以为！……窃谓开卷有益，夫固善取益者自为益耳。"

汤显祖在这里谈到了如何理解和做到开卷有益的问题。有不少先贤谈到读书要多加选择，不读怪语之书，不睹非圣之书。在汤显祖看来，看什么书，是否有益，取决于个人的态度和立场。见识不广的人，见到平常事都以为是奇事，少见多怪。有见识的人，因为见得多，见平者不怪，抑或见怪也不怪。如果不好好读《诗经》，而只看淫邪之词，自然多也无益。所以，汤显祖主张，阅览群书时，要善于从书中吸取有益之处，如此读书，方才有益。汤显祖提出的"固善取益者自为益"，不仅为我们诠释了"开卷有益"的内涵，也为我们提供了"开卷有益"的钥匙。

冯　班

　　冯班是清代诗人。字定远，号钝吟老人，江苏常熟人，明末诸生。少时与兄冯舒齐名，人称"海虞二冯"。他是"虞山诗派"的传人，主张"诗以道性情"，提倡"隐秀之词，言尽而意不尽"。著有《钝吟全集》23卷，另有《常熟二冯先生集》。冯班在读书方面有诸多见解值得分享。

冯　班：开卷疾读，然而无益

　　冯班认为，读书不能求快，快读无益。他在《钝吟杂录》中谈道："开卷疾读（即快读），日得数十卷，至老死不懈，可谓勤矣，然而无益。此有说也，疾读则思之不审，一读而止则不能识忆其文，虽勤读书，如不读也。读书勿求多，岁月既积，卷帙自富，经史大书，只一遍读亦不尽。"

　　我认为，从读书整体效果而言，冯班提出的读书观点有一定道理。如若读书求多求快，一天看数十卷，既没有时间理解，也不能记忆文章，虽然勤奋，但收获无多，这样的多读书是"假多"。如果认认真真读下去，日积月累，"卷帙自富"，读进去了，如此多读书才是"真多"。人们常说开卷有益，或是针对不读书而言。就读书方法而论，确有快读与慢读之分。所读之书不同，快慢取舍不同。或许一般图书宜快读，经典之书宜慢读。但要说读书的整体效果，还是慢读、精读的效果更好。

冯　班：读书有"三益"

　　冯班在《钝吟杂录》中谈道："多读书则胸次自高，出语皆与古人相应，一也；博识多知，文章有根据，二也；

所见既多，自知得失，下笔知取舍，三也。"冯班在这里概括了多读书的三大益处：多读书就会使自己胸怀宽阔高远；言谈写作皆有出处，做到与古人儒雅之言相应；见识广博，知其得失，下笔自然知道详略取舍。冯班对读书与修养、读书与作文、读书与见识三者的关系，阐述得很深刻、很明确。

在读书的三个"益处"中，他尤为重视读书的"见识"。他说："少壮时读书多记忆，老成后见识进，读书多解悟，温故知新，由识进也。"冯班认为，读书是一个由表及里的过程，是一个不断增长见识的过程。要义在于"解悟"，方法在于"温故知新"，做到在"解悟"中形成自己的独到见解，在温故知新中增长自己的见识。

延君寿

延君寿，清代诸生，山西阳城人。

延君寿：读书当心气凝练，埋头苦攻

延君寿在《老生常谈》一书中，谈到了诸多读书方法。他主张读书要心气凝练，埋头苦攻。他说："读古人诗，本来不许心粗气浮，我与陶（陶渊明）尤觉心气要凝练，方能入得进去。有看古人诗，略一披阅，便云不过尔尔，吾已了然于心，此无论聪明人、钝汉子，皆自欺欺人也，断不可信。""人生读书，一面要埋头苦攻，一面要放开眼孔，方有出息。"在这里，延君寿提出了一个重要的问题，即读书的心气与心态问题。心气不平，心态不好，纵有多少好书，也读不出效果。延君寿指出的问题很有针对性，也很有现实意义。在网络信息发达、生活节奏快速的时代，心气凝练是读书之难题。常有这样一种现象，有的人下决心买来一本书或借来一本书，由于心浮气躁，匆匆翻看几页，便不再往下看了，以为该书不过如此，妄下结论；以为了然于心，实则一知半解，这样的读书心态是不可取的。

延君寿：读书各随其心，不必强同

延君寿在《老生常谈》中说："读古人诗，最是难事。有古人惊天动地之作，我自问断断学不来，震其名而强诵之，仍是没交涉。""大家之诗，如入五岳探山问水，可以各随其心之所好而获，正不必强同。"延君寿在这里讨论如何读诗的问题，实则也是如何读书的问题。读诗也好，读书也罢，他认为不必强同。我体会有两层含义：一是不必强求与古人同。读古人之书，在于领会要义，增长见识，涵养气质，开阔胸襟，在学习和写作上不能与古人简单类比、模仿。二是不必强求与他人同。读书"如入五岳探山问水，可以各随其心之所好而获"。如果将一本好书比喻为一座大山，进入书山之中游览，各有所好，各随其心，各有所悟，各有所见，则各有所得，因而读书不必与他人同，正所谓仁者见仁，智者见智。

陆世仪

　　陆世仪，明清之际学者，字道威，号刚斋，江苏太仓人。其学恪守程朱理学，以"居敬穷理"为主，注重内心的修养，有《思辨录》等传世。他在论及读书方面，有些观点不无道理。

陆世仪：读书长精神

　　陆世仪认为，读书有益，能长精神。他在《思辨录》一书中谈道："读书不费精神，且能长精神。凡言费精神者，皆不善学者也。"陆世仪提出读书能长精神，提升了读书的境界。费精神与长精神，是读书的两种境界。不善读书，读不进去，则费精神，是读书之苦；善读书，读进去了，则长精神，是读书之乐。有的人读书，下了不少功夫，但不得要领，不能学懂弄通，还很费精神，既不能取得读书的成效，也不能享受读书的乐趣。有的人读书，方法得当，事半功倍，读书效果好，越学越精神，越读越快乐。由此看来，读书除了勤奋用功之外，学习和掌握方法也很重要。

陆世仪：读书须识货

　　陆世仪在《思辨录》中提出："凡读书须识货，方不错用功夫。如《四书》《五经》《性理》（《性理大全》）、《纲目》（《资治通鉴纲目》），此当终身诵读者也；水利、农政、天文、兵法诸书，亦要一一寻究，得其要领。其于子、史、百家，不过观其大意而已。如欲一一记诵，便是玩物丧志。"

　　陆世仪在这里提出了一个重要问题，即读书要识货，读书须选择。陆世仪将所读之书分为三类，即儒家经典之书、水利农政天文兵家等实用知识之书、一般百家之书。他认为经典之书当终身诵读，一般百家之书观其大意即可。他的这一观点对我们当下读书更有指导意义。现在的书籍浩如烟海，我们早已跨越了书荒的年代，读书第一个面临的问题就是读什么书，第二个问题是怎么读书。读书不能盲目跟风、人云亦云，要在读好书、读经典上下一番"识货"的功夫。

陆陇其

　　陆陇其，清代学者，字稼书，平湖（今浙江）人。推崇程朱理学，有《困勉录》《三鱼堂文集》等传世。在读书方面，他主张循序渐进，以精熟为贵。

陆陇其：欲速是读书第一大病

　　陆陇其在《三鱼堂文集》中提出："读书以精熟为贵。欲速是读书第一大病，工夫只在绵密不间断，不在速也。能不间断，则一日所读虽不多，日积月累，自然充足。若刻刻欲速，则刻刻做潦草工夫，此则终身不能成功之道也。"陆陇其认为，欲速是读书之大忌，是第一大病。欲速则将做潦草工夫，这是读书终身不能成功的原因。陆陇其在这里谈到了人们读书过程中遇到的一个重要方法问题，即求精与求速的问题。表面上看，这是一个读书快慢问题，实质上是一个读书的最终效果问题。求快的效果是欲速则不达。求精看起来慢，但读得扎实，学得精深，经年累月自然就多。看来，读书的成功之道不在求快，而在求精。

李光地

李光地，福建安溪人，清代学者，康熙进士，官至文渊阁大学士，治程朱理学，有《榕村全集》传世。

李光地：目过口过总不如手过

李光地在读书方法上提倡手过，重视"抄撮"（誊写）。他在《榕村全集》中说："凡书，目过口过总不如手过，盖手动则心必随之，虽览诵二十遍，不如抄撮一次之功多也。况必提其要，则阅事不容不详；必钩其玄，则思理不容不精。"李光地提倡的读书方法有其道理。比较而言，用眼看一遍，不如用嘴念一遍，目过不如口过；用嘴念一遍又不如用手抄一遍，口过不如手过。如果动手誊抄，就得认认真真看看每个字是怎么写的，每句话是何意思，不仅强化了对所读之书的记忆，而且加深了对所读之书的理解。如果边读书边批阅，提要钩玄，读之更详，思之更精，读书的效果就如锦上添花，好之又好。

李光地：读书只要心里明白，便是源头活水

李光地在《榕村全集》中提出："读书只要心里明白，便是源头活水。昆仑一脉，处处贯注，放乎四海，有本者如是。"又说，"老来见得读书，只要心里一点明白，

除此都是无用。"在李光地看来，读书之要在于做到心里明白，这是源头活水，也是读书之本。李光地"读书只要心里明白"的观点，涉及读书的一个重要问题，即读书的最终效果问题。无论是何种方法，无论是如何用功，关键看效果，看你读懂了没有、心里明白了没有。读书也要做到实事求是，不懂就是不懂，不要装懂。不懂没关系，不轻易放过，再读、再思、再问，一直到读懂、心里真正明白了为止。书读懂了，心里明白了，读书的作用才会源源不断地发挥出来。所以，心里明白是读书的源头活水。

李光地：天下之书读不尽，读书须读要紧书

李光地在《榕村全集》中说："有人说《十三经》《廿一史》皆看过，只是不记得。总是他立意要看完经史，便不能记。何也？为其泛也。非切己要读，如何能记！天下书原读不尽，虚斋云：'欲为一代经纶手，须读数篇要紧书。'书读要紧者方好。文中子云：'不广求故得，不杂举故明。'某自己验之，确是如此。孔子说得极平常，都是自己有得之言，说一个'温故'，说一个'时习'。可见不温、不习，便无处得'说'与'知新'。"

李光地的论述，我认为有两层含义：一是提倡读要紧之书。天下之书是读不完的，与其泛泛而读，读了不记得，不如选择要紧之书来读。二是倡导温故知新。诚如孔子所言："学而时习之，不亦说乎？"

张伯行

　　张伯行，河南仪封（今兰考）人，字孝先，号敬庵，清康熙进士，官至礼部尚书，推崇程朱理学，有《困学录》《续困学录》《困学录集萃》等传世。在读书方面，他继承了朱熹的许多观点，但又有其独特之处。

张伯行：读书为第一乐，学圣为第一贵

张伯行在《困学录集萃》中谈道："蒋西章曰读书为第一乐。好读书，则已享人间之第一乐矣，其他一切可喜可爱之物事，皆不足道矣，又何羡焉？学圣为第一贵，知学圣，而已居人间之第一贵矣，其他一切可尊可荣之名位，皆不足道也，又何慕焉！夫读书正所以学圣，而学圣必由于读书……"张伯行在此谈了两层意思：一是提出读书是人间之第一乐事，学圣是人间之第一贵事。世间可喜可爱之物不少，可尊可荣之名甚多，唯有读书和学习圣贤之事是第一乐、第一贵，这是对读书学习精神境界的提升，也是对坚持读书学习的激励。二是读书与学圣互为补充。通过读书，可以了解学习圣贤的道德品格和思想智慧；通过学圣，更加激发了读书的热忱和自觉。

张伯行：读得一尺，不如行得一寸

张伯行在《困学录集萃》中谈道："读得一尺，不如行得一寸。今人谁不读《论语》，谁不读《孟子》，试问《论》《孟》中亦曾行得一句一字否？"在这里，张伯行提出了一个大家经常谈及的问题，即读与行的关系问题，或知与行的关系问题。在他看来，读固然重要，但行更为重要，读得一尺，不如行得一寸。孔子讲"学而时习之"，人们对"时习之"有不同理解，有的解释为经常温习它。我赞同杨伯峻先生的解释，"时习之"即"学了，然后按一定的时间去实习它"。孔子在这里强调学了之后要去实习，去力行。《中庸》之中也提出："博学之，审问之，慎思之，明辨之，笃行之。"这里提到了读书的五个要求，实际上还是讲的读与行的关系问题。学问思辨是第一个阶段，笃行实践是第二个阶段，这也是最重要的一个阶段，即读书的目的在于行。

郑板桥

　　郑板桥，原名郑燮，字克柔，号板桥，兴化（今属江苏）人。清代文学家、书画家，"扬州八怪"之一，其诗、书、画，人称"三绝"，有《郑板桥集》传世。他关于读书的一些观点值得分享、借鉴。

郑板桥：善读书者曰攻曰扫

郑板桥在《郑板桥集·花间堂诗草跋》中谈道："学问二字，须要拆开看。学是学，问是问。今人有学而无问，虽读书万卷，只是一条钝汉尔……善读书者曰攻曰扫。攻则直透重围，扫则了无一物。"郑板桥在此谈了读书的一个重要问题，即读与问的问题。我认为，他的观点有两层意义：一是要做到读问结合。他将学问拆开来解，是有道理的。读书万卷，看了不少，如若学而不问，读而不思，没有理解掌握，书是书，我是我，读与不读，相差无几。二是要做到善读书。所谓善读书，就是要做到"攻""扫"二字。"攻"者即进攻，就是要突破重重围堵，以坚韧不拔的意志破解读书难题；"扫"者，即扫除，就是要彻底扫除书中种种疑问。"攻""扫"二字，道出了读书的要诀。

郑板桥：读书须善记善诵

郑板桥在《郑板桥集·板桥自叙》中谈道："人或谓板桥读书善记，不知非善记，乃善诵耳。板桥每读一书，必千百遍。舟中、马上、被底，或当食忘匕箸，或对客不听其语，并自忘其所语，皆记书默诵也。"从《板桥自叙》中看出，他的诗、书、画被称之为"三绝"，他本人被冠以"扬州八怪"之首，在于他好读书、勤读书、善读书。好读书是前提，勤读书是基础，善读书是关键。舟中、马上、被底读书者有之，但与人交谈，忘其所语，一心只在默诵者少见。郑板桥提出，读书在记，记书在诵。经典之书，要读千百遍，直到记住为止，这些观点值得学习。

袁 枚

袁枚，清代诗人、诗论家。字子才，号简斋，钱塘（今浙江杭州）人，晚年号仓山居士。他是清代乾隆、嘉庆时期的代表诗人之一，活跃诗坛60余年，存诗4000余首，有《小仓山房文集》《随园诗话》传世。

袁　枚：读书如吃饭，善吃者长精神

　　袁枚主张，读书要去其糟粕，取其精华。他在《随园诗话》中说："或问：'诗既不典，何以少陵有读破万卷之说？'不知'破'字与'有神'三字，全是教人读书作文之法。盖破其卷，取其神，非囫囵用其糟粕也。蚕食桑，而所吐者丝，非桑也。蜜采花，而所酿者蜜，非花也。读书如吃饭，善吃者长精神，不善吃者生痰瘤。"
　　袁枚在此谈了三层意思：一是读书要做到博览群书。要像杜甫那样，做到"读书破万卷，下笔如有神"。二是读书要做到去其糟粕，取其精华。读书不能囫囵吞枣，要消化，领会其精神。三是读书要转化，读出自己的成果。蜜采花，而所酿者蜜。蚕食桑，而所吐者丝。袁枚认为，读书方法不同，则效果不同。如同吃饭一样，"善吃者长精神，不善吃者生痰瘤。"这些观点，值得我们借鉴。

袁　枚：书非借不能读也

　　袁枚在《小仓山房文集·黄生借书说》中谈到黄生允修借书。随园主人（指袁枚）授以书而告之曰："书非借不能读也。子不闻藏书者乎？《七略》《四库》，天子之书，然天子读书者有几？汗牛塞屋，富贵家之书，然富贵人读书者有几？其他祖父积、子孙弃者，无论焉。非独书为然，天下物皆然。"

　　袁枚在这里谈到一个有趣的读书现象，书非借不能读。他告知黄生，书不是借来的就不会好好读。《七略》《四库》是天子的书，然而天子读书的有几个呢？富贵人家的书放置在家塞满屋子，然而富贵人读书的有几个？祖辈、父辈积藏的书，丢弃书籍的子辈、孙辈就不必谈了。袁枚谈到的这一现象，并非普遍如此，但现实中也确实存在。家有藏书，或买来存放在家的书，常常感到是自己的书了，总有一天可以去读，没有读书的紧迫感，反而放置一边没有去读。一旦是借来的书，惦记要归还，就逼迫自己抓紧看，这些书不知不觉反而读完了。书非借不读的现象启示我们，读书的时间是能挤出来的，关键是看你下不下决心读，能不能从当下开始读。一旦有好书，莫找借口，莫往后推，做到如饥似渴地去读，一口气读完。

王鸣盛

王鸣盛，清代史学家、经学家，字凤喈，江苏嘉定（今上海）人，有《十七史商榷》《尚书后案》等传世。

王鸣盛：读史宜专心正史

　　王鸣盛在《十七史商榷》一书中提出："读书宜专心正史。世之学者，于正史尚未究心，辄泛涉稗官杂说，徒简其愚妄。且稗史最难看，必学精识卓，方能裁择参订，否则淆讹汩乱，虽多亦奚以为？"王鸣盛从史学家的角度，阐述了他治史读史的观点，这一观点是值得我们学习的。学习历史，了解历史，从何读起？关于历朝历代的史书，古往今来，卷帙浩繁，可读之书很多。特别是对初学者而言，选择第一本史书尤为重要。读正史，有利于对历史有一个基本的、权威的、系统的了解，有利于形成正确的历史观。如果不读正史，不了解正史，仅仅读了一本稗官野史，以为这就是历史，则将出现"淆讹汩乱"的现象。为了更全面地了解历史，在读好正史的前提下，再看一些野史，读一些其他史书，对正史或可起到丰富和补充的作用。

王鸣盛：读书之道，会通古今

　　王鸣盛在《十七史商榷》中谈道："读周、汉以前书，用古音，读晋、唐以后书，用今音，斯可矣。大约学问之道，当观其会通，知今不知古，俗儒之陋也；知古不知今，迂儒之癖也；心存稽古，用乃随时，并行不相悖，是谓通儒！"王鸣盛在这里谈的是如何读书、如何做学问，其要旨在"会通古今"四字。在他看来，儒者读书、做学问，常有两种类型，即俗儒和迂儒。前者知今不知古，后者知古不知今。王鸣盛认为知古与知今，并行不相悖，读书做学问，要古今会通，周汉之前与晋唐以后之书，不仅要读，还要会通。

钱大昕

　　钱大昕，清代学者，字晓徵，号辛楣，江苏嘉定（今上海）人，在音韵训诂方面多有建树，有《潜揅堂文集》等传世。

钱大昕：不以熟与不熟判定
文章之优劣

钱大昕在《潜揅堂文集·与友人书》中谈道："《六经》《三史》之文，世人不能尽好，间有读之者，仅以供场屋（科场号舍）饾饤（陈设的食品）之用（引申为供科举考场堆砌词藻之用），求通其大义者罕矣。至于传奇之演绎，优伶之宾白（戏曲对白），情词动人心目，虽里巷小夫妇人，无不为之歌泣者，所谓'曲弥高则和弥寡'，读者之熟与不熟，非文之有优劣也。"

在这里，钱大昕提出了如何评价、怎样选书的标准问题。有的人对书和文章的评价与选择，往往以读者之熟与不熟为优劣的标准。这样的标准是简单化标准，因为它没有对书、文加以区分，也没有对读者加以区分。《六经》之书与通俗传奇之书不同，读者熟悉的情况也不一样。不能简单以读者熟悉的多少来判定《六经》是否优劣。这也告诉我们，读书选书，要看自己的阅读需要和书的阅读价值，不能人云亦云，更不能简单以读者排行与畅销程度作为标准。

姚 鼐

　　姚鼐，清代文学家、学者，"桐城派"三祖之一。字姬传，世称惜抱先生，安徽桐城人。通经史，以古文名世，有《惜抱轩全集》等传世。

姚　鼐：疾读求体势，缓读求神味

姚鼐提出，读书要抗声引唱，疾读缓读并举。他在《惜抱轩全集》中谈道："取古人之书，抗声引唱，不待说而文之深意毕出。""大抵学古文者，必须放声疾读，又缓读，只久之自悟。若但能默看，即终身作外行也。疾读以求其体势，缓读以求其神味，得彼之长，悟我之短，自有进也。"姚鼐谈到了"读"的三重含义：一是"高声读"，即"抗声引唱"。读多了，文章之义就慢慢领会了。二是"快读"。快读的好处，可以把握文章的体势，即文章的形体结构和气势风格。三是"缓读"。缓读的益处，则可以体会文章的精神和韵味。文章不可只默读，而要做到"三读"兼具。如此，其效更佳。

李重华

　　李重华，清代诗论家，江苏吴江人。他提出，读诗之法由下而上溯，对今天我们读诗、读书都有一定参考意义。

李重华：读诗之法由下而上溯

李重华在《贞一斋诗话》中谈道："今不探其原但事其流，材力何以深厚？凡唐人之有律无古者浅深可具见也。曰：读《三百篇》《楚辞》及汉、魏诗，未尽其妙，何也？曰：如食味然须由薄以得厚焉。试取唐贤古诗熟复之，逆观于魏、晋，有余味矣；又逆至汉代，觉其味浸厚；如是再诵《楚辞》《三百篇》，将有踊跃舞蹈，叹其弥旨者，觉后人一字句未许道也，准此可以得读诗之法矣。"在这里，李重华谈到了读诗、读书的源与流问题。他认为，读诗由下而上溯，从唐贤古诗始，上溯至《楚辞》《三百篇》，如食之品味，不仅其味渐浓，更可"叹其弥旨"。我以为，李重华的观点值得借鉴。读诗如此，读其他书也是如此。由一本书、一类书，学到的知识，发现的问题，再由下往上，由里向外，看看其他类似的书，或追源溯流，或由此及彼，不仅弄清了问题的原委，丰富了知识的领域，而且也拓展了读书的广度和深度。如此读书，岂不妙哉？

章学诚

　　章学诚，清代史学家，浙江会稽（今浙江绍兴）人。主张"史学所以经世""作史贵知其意"，建立了较为系统的历史学和目录学理论。代表作有《文史通义》《校雠通义》等。

章学诚：读其书，知其言

　　章学诚在《文史通义》中提出："读其书，知其言，知其所以为言而已矣。读其书者，天下比比矣；知其言者，千不得百焉。知其言者，天下寥寥矣；知其所以为言者，百不得一焉。然而天下皆曰：我能读其书，知其所以为言矣。此知之难矣。人知《离骚》为辞赋之祖矣，司马迁读之，而悲其志，是贤人之知贤人也。"章学诚认为，读一个人的书，不仅要理解他的言语，懂得他的学说，还要理解他之所以这样讲的原因和道理。知其然，还要知其所以然，从书中读出弦外之音，读出作者深意。在他看来，读其书者易，知其言者少，知其所以言者更少。"知难"，即做一个古代圣贤的知音是难以做到的。唯其如此，我们读书更要下一番苦功夫，做到"审问之，慎思之"，读出更好的效果，提升更高的读书境界。

曾国藩

　　曾国藩，晚清重臣，政治思想家，湘军创立者和统帅，字伯涵，号涤生，湖南湘乡（今双峰）人。在学术上，尊孔孟而不摒弃诸子，宣扬"以诚为本"的思想，有《曾文正公全集》传世，其中《家书》《日记》等单行本在民间有较大影响。

曾国藩：读书之法，看、读、写、作不可缺一

曾国藩在《谕纪泽》一文中谈道："读书之法，看、读、写、作四者每日不可缺一。"在曾国藩看来，读书是一个完整的过程，四个要素都不能相互替代。譬如兵家战争，看书则如攻城略地，开拓土字者；读书则如深沟坚垒，得地能守者。至于写字，真行篆隶，不可间断，且要既快又好。至于作诗文，或作律赋，或作古今体诗，不可不一一讲究，一一试之。曾国藩所论读书之法，确有参考价值。看与读是讲读书两个相互关联的阶段，看是浏览，读是精读；写与作是读书的深化，所读之书的运用，检验读书的成效。每日如能做到看、读、写、作，不仅读的效果更好，而且用的功效显著。

曾国藩：读书有"两怕"

曾国藩在《谕纪泽》中谈道："尔读书记性平常，此不足虑。所虑者第一怕无恒，第二怕随笔点过一遍，并未看得明白，此却是大病。"曾国藩在这里谈到的"两怕"，一怕无恒心，二怕不明白，指出了我们读书过程

中经常出现的毛病。有的人读书，经常是有头无尾，看了书开头的几个篇章甚至是几个片段，就被别的事情耽搁而放下，没有恒心看下去，更没有恒心读完一本书，往往是买书而不看书，这样的读书实在无益。另一个毛病是读书未看明白，不求甚解，如此读书，效果甚微。从曾国藩谈到的读书"两怕"中，我们可引以为鉴，读书不仅要有恒，还要有心。

曾国藩：辨识其貌，领取其神

曾国藩在《谕纪泽》中谈道："凡大家名家之作，必有一种面貌，一种神态，与他人迥不相同。譬之书家，羲、献、欧、虞、褚、李、颜、柳，一点一画，其面貌既截然不同，其神气亦全无似处。诗文亦然，若非其貌其神迥绝群伦，不足以当大家之目，渠既迥绝群伦矣，而后人读之，不能辨识其貌，领取其神，是读者之见解未到，非作者之咎也。"

曾国藩在这里谈到了读书的一个重要方法，即如何从整体上去读好一本书，了解一本书的特点和基本要义。首先要辨识其貌。在读一本书时，特别是读大家名家之作时，先要了解一下作者的基本情况和写作的基本风格与特征，对其"貌"要心中有数，这样读起来，便于读懂、读深。其次，要领取其神。读书的基本要求是要读懂，理解所读之书的意义，掌握所读之书的精神，观察作者的神韵气质，体悟作者的弦外之音，达到貌、神相融的读书境界。

曾国藩：朗读以昌其气，吟咏以玩其味

曾国藩在《家训》中谈道："凡作诗最宜讲究声调。须熟读古人佳篇，先之以高声朗读，以昌其气；继之以密咏恬吟，以玩其味。二者并进，使古人之声调拂拂然与我喉舌相习，则下笔时必有句调奔赴腕下，诗成自读之，亦自朗朗可诵，引出一种兴会来。"

在这里，曾国藩谈到了"读"的艺术和情致。"读书"首先在一个"读"字。古人读书，倡导朗读。曾国藩强调，读古人佳篇，宜两步并进。先高声朗读，读准音调，读出气势。用今天的话讲，就是要读出精气神。然后，要慢读、低吟，做到"密咏恬吟""以玩其味"，在反复低吟中，品味、领悟书中蕴含的意义。如能掌握好"读"的艺术，则将收到"读"的更好效果，即下笔时"必有句调奔赴腕下"。如杜甫所云："读书破万卷，下笔如有神。"

唐 彪

　　唐彪，字翼修，清代学者，浙江金华兰溪人，以教学为生。有《读书作文谱》《父师善诱法》流传于世。他在论及读书与为学方面，有诸多观点值得分享。

唐 彪：读书不可专趋一体

唐彪在《读书作文谱》中谈道："从古未有只读四书一经之贤士，亦未有只读一经之名臣。故欲知天下之事理，识古今之典故，欲作经世之名文，欲为国家建大功业，则诸子中有不可不阅之书，诸语录中有不可不阅之书，典志记中有不可不阅之书，九流杂技中有不可不阅之书。……学者读文，不可专趋一体，必清浓虚实、长短奇平并取。"唐彪论及读书，强调要做到博览群书，"清浓虚实、长短奇平并取"，而不可只偏爱一体、一类之书。要知天下事理，要作经世名文，要建大功业者，读书更要海纳百川，广泛涉猎。

唐 彪：读书有五等之分

唐彪在《读书作文谱》中将所读之书分为五等：一是"有当读之书"；二是"有当熟读之书"；三是"有当看之书"；四是"有当再三细看之书"；五是"有必当备以资查考之书"。唐彪何以将所读之书分为五等？在他看来，书有正有闲，有精粗高下，有急需与不急需之别，如不加区分，则工夫俱误。在我们今天看来，每一位读者对所读之书都将面临一个选择、区分的问题。

每一个读者的情况各异，读书的目的不同，都要结合自己的情形而定。唐彪对所读之书分为五等，有一定的参考价值，将有助于我们提高读书的效率，丰富我们的知识。譬如，有的经典之书要熟读细看，有的闲散之书浏览即可，有的书只是备以查考而已，如字典、工具书等，不必花费大量时间去阅读。

唐　彪：读者当约，阅者宜博

唐彪在《读书作文谱》中提出："窃谓所读之时文，贵于极约。不约，则不能熟；不熟则作文之时，神气机调皆不为我用也。阅者必宜博。经史与古文、时文，不多阅，则学识浅狭，胸中不富，作文无所取材，文必不能过人。由此推之，科举之学，读者当约，阅者宜博，博约又可分两件也。"

在这里，唐彪讨论了人们读书时经常遇到的一个问题，即约与博的关系。所谓约，就是精，读书专精知守；所谓博，就是广博，读书宜宽宜广，正所谓博览群书。人们常问：读书到底是精好，还是博好？其实，这是一个伪命题。约与博不是对立的关系，二者是统一的、相互依存的关系。非博则无以约，非约则无以博，两者相辅相成。唐彪的观点值得我们借鉴。他将复杂问题简单化，即将所读之书分为两类，一类是要"读"之书，另一类是要"阅"之书。要"读"之书，如经典之作，宜熟读、精读；要"阅"之书，如时下流行、非经典之作，阅知或浏览即可。如他所言："读者当约，阅者宜博。"

唐　彪：经史之益，更在身心

唐彪在《父师善诱法》中谈道："读经史古文，则学充识广，文必精佳。不读经史古文，则腹内空虚，文必浅陋。且经史之益，更在身心。"

唐彪对读经史之书的益处，谈得很到位。读经史之书，益处不少，至少包含了两个方面：一方面是对当下有用。经史之书读多了，便于作文，即学充识广，文必精佳。否则，腹内空虚，文必浅陋。另一方面是对身心有益。读了经史古文，鉴古知今，开阔胸襟，自然有益身心。读经史之书如此，读其他"无用"之书不也是如此吗？人们常说，读书既要读"有用"之书，也要读"无用"之书。所谓"有用"之书，大多指对读者当下学习、就业、工作、生活等方面迫切需要之书；所谓"无用"之书，大多是说满足读者身心需要、提高涵养素质的书。从读书的意义上讲，我们提倡既要读"有用"之书，也要读"无用"之书。

后 记

　　中国自古就有读书的优良传统，热爱读书、崇尚读书之风绵延数千年。古代先贤关于读书治学的观点和论述内容非常丰富，许多至理名言流传至今，不少读书故事家喻户晓，影响了一代又一代读书人，引领了一个又一个时代的读书风尚。《古人谈读书》仅仅收集和选取了其中很少一部分。从这些收入书中的读书观点来看，主要论及以下十个方面的内容，我权且称之为"读书十要"，与读者朋友们分享。

　　一是要有高尚的情怀和高远的志向。北宋政治家、史学家司马光主张"读书在得道利民"。司马光在《与薛子立秀才书》中谈道："士之读书岂专为利禄而已哉？求得位而行其道以利斯民也。国家所以求士者，岂徒用印绶粟帛宠其人哉？亦欲得其道以利民也。"司马光认为，读书要超越自我，超越利禄，明大道、求大道，为国而学，为民而读。读书既要有高尚的情怀，还要有高远的志向。汉魏之际文学家、"建安七子"之一徐幹，明确提出"志者，学之师也"。徐幹在《中论》中谈道："虽有其才而无其志，亦不能兴其功也。志者，学之师也；才者，学之徒也。学者不患才之不瞻，而患志之不立。是以为之者亿兆，而成之者无几，故君子必立其志。"徐幹在这里提出了一个学习的重要问题，即学习中志向与才学的关系问题。他认为，志是第一位的，才是第二位的。虽然有的人有天赋才学，却没有远大志向，因而还是不能够建功立业。只有立志于学，坚持不懈，才能学有所成，建功立业。

二是要培育道德情操。战国末期哲学家、教育家荀子是先秦时期关于阅读理论的集大成者，许多观点对我们很有借鉴意义。荀子在《劝学篇》中提出："君子博学而日参省乎己，则知明而行无过矣"，"积善成德，而澄明自得，圣心备焉。"他认为，读书学习的目的在于培养道德情操，涵养君子人格。君子只有广泛地学习，每天省察自己，那就会积善成德，见识高明，心智澄明，而行为就不会有过错。荀子关于"君子博学而日参省乎己"的观点告诉我们，积累知识是手段，培养道德情操、涵养君子人格是目标。明确了学习的目标，才会做到博学多闻，永不停步！

三是要有一个好的学习态度。春秋时期的思想家、教育家孔子，在为学读书方面有不少精彩论述流传至今，影响深远。孔子在《论语》中多处谈到为学读书的态度或心态，对我们很有启迪：一是要做到不耻下问。《论语》记载了孔子与子贡的一段对话。子贡问曰："孔文子何以谓之'文'也？"子曰："敏而好学，不耻下问，是以谓之'文'也。"（《论语·公冶长篇第五》）孔子认为，孔文子之所以谥号为"文"，是因为他既聪明灵活、爱好学习，又谦虚下问，不以为耻。二是要做到学而不厌。子曰："默而识之，学而不厌，诲人不倦。"（《论语·述而篇第七》）孔子勉励人们读书学习要保持良好的精神状态，努力学习而不厌弃，教诲他人而不疲倦。从孔子的论述中我们可以看到，一个人的学习态度，对于我们的学习成效和读书效果是至关重要的。不耻下问、学而不厌，这正是我们今天应当大力弘扬的良好学风和传统美德。

四是要善于利用时间。三国时代魏国的著名学者董遇在如何运用时间读书学习方面颇有见解。据《三国志·魏志·董遇传》记载：人有从学者，遇不肯教而云："必当先读百遍"；言"读书百遍，其义自见"。从学者云："苦渴无日（苦于没有时间）。"遇言："当以三余。"或问"三余"之意。愚言："冬者岁之余，夜者日之余，阴雨者时之余也。"董遇的读书观，值得我们思考：读书"当以三余"。不少人曾提出，想读书，没时间。董遇提出，读书要抢时间，运用好时间，岁之余、日之余、时之余，总能抢到读书的时间。北宋文学家、史学家欧阳修在《归田录》一文中说："在西洛时，尝语寮属，言平生惟好读书，坐则读经史，卧则读小说，上厕阅小辞，盖未尝顷刻释卷也。"从欧阳修的言谈之中，我们似乎看到了他勤奋读书的忙碌身影，或坐或卧，抑或上厕所之时，充分利用分分秒秒看书。

五是要有选择标准。读好书是善读书的应有之义，我们需要了解和借鉴读好书的要求和评价标准。战国时期思想家墨子提出"言有三表"的评价标准，值得我们借鉴。《墨子·非命上第三十五》记载了墨子的一段话："言必有三表。"何谓三表？子墨子言曰："有本之者，有原之者，有用之者。于何本之？上本之于古者圣王之事。于何原之？下原察百姓耳目之实。于何用之？废以为刑政，观其中国家百姓人民之利。此所谓言有三表也。"在这里，墨子为我们提出了判断言论、文章和读物是非对错、真伪好坏的三个标准：第一要能追根溯本，向上去探究古代圣王的事情；第二要能推究它的缘由，向下考察百姓耳目的实情；第三要能用之于实际，就是把它应用到刑事与政务方面，看它是否符合国家百姓人民的利益。墨子把"事""实""利"综合起来，以大家所看到的、所听到的为依据，以古代圣王的间接经验、普通百姓的直接检验和国家治理的社会效果为准绳，来评价文章、言论的是非对错与真伪好坏。墨子提出的这些观点和见解，对我们如何理解评价古代典籍文献，如何选择判断阅读内容，也同样具有重要的参考价值。

六是要心无旁骛。南宋哲学家朱熹读书广泛，治学严谨，在读书方面多有论述。人们经常讨论善读书的问题，何谓善读书？朱熹认为，一心在书上，方谓善读书。朱熹在《朱子语类》中谈道："读书者当将此身葬在此书中，行住坐卧，念念在此，誓以必晓彻为期。看外面有甚事，我也不管，只凭一心在书上，方谓之善读书。"此处，朱熹所谓"善读书"，即善在"心上"，做到读书时心无旁骛，雷打不动。如果心不在焉，千万种读书方法也是枉然。人们对朱熹读书有"三到"的观点也耳熟能详。《古今图书集成·训学斋规》记载了朱熹的这段话："余尝谓，读书有'三到'，谓心到，眼到，口到。心不在此，则眼不看仔细，心眼即不专一，却只漫浪诵读，决不能记，记亦不能久也。'三到'之中，心到最急。心既到矣，眼口岂不到乎？"所以，"三到"之中，心无旁骛最为重要。

七是要下足"寻思"功夫。读书要读出成效，务必做到读思结合，下足"寻思"功夫。子曰："学而不思则罔，思而不学则殆。"（《论语·为政篇第二》）孔子认为，如果只是读书而不思考，就会受欺骗；反之，如果只是空想而不去读书，就会有许多疑惑。明代学者薛瑄在《读书录》中谈道："读书记得一句，便寻一句之理，务要见得下落，方有益。先儒谓读书只怕寻思，近看得'寻思'二字最好。如圣贤一句言语，便反复寻思：在吾身上，何者为是；在万物上，何者为是。"在此，薛瑄强调的是读书要做到边读书、边思考。思考什么呢？就是要思考每一句话的道理所在，含义所在，思考这句话的来龙去脉，要联系自身、联系万物去探究。如此，读书才有收获。

八是要做到学行结合。古人论及读书，多强调学与行相结合。西汉哲学家扬雄提出，"读而能行为之上"。他在《法言》中谈道："学，行之，上也；言之，次也；教之，又其次也；咸无焉，为众人。"扬雄认为，读书学习之后的成效，大致可分为四等：上等是在读书学习之后，能见诸行动，其次是著述立言，再其次是传道授业。如果前面的情况都没有，那就是第四等，即普通人。扬雄告诉我们，读书学习最重要的是见诸行动，将所学到的知识和理论，用以指导自己的实践，做到知与行的统一。

九是要共读切磋。古人谈读书，大多强调共读切磋的益处。南北朝时期思想家、教育家颜之推将自己亲身见闻与立身、治家、处世之道，写成《颜氏家训》，对后世有深远影响。他主张"读书须切磋相起"。他在《颜氏家训·勉学》中谈道："《礼》（即《礼记》）云：'独学而无友，则孤陋而寡闻。'盖须切磋相起明也。见有闭门读书，师心自是。稠人广坐，谬误差失者多矣。"颜之推认为，《礼记》上讲得很明白，"独学而无友，则孤陋而寡闻。"所以，读书要相互切磋，相互启发，如此才能达到通晓明白、相互提升的目的。从颜之推的论述中看到，"切磋相起"、共同读书，这是一种读书的好方法，能提升读书学习的效果。

十是要会通古今。读书不仅要读懂，还要读通。清代史学家、经学家王鸣盛强调，"读书之道，会通古今"。王鸣盛在《十七史商榷》中谈道："读周、汉以前书，用古音，读晋、唐以后书，用今音，斯可矣。大约学问之道，当观其会通，知今不知古，俗儒之陋也；知古不知今，迂儒之癖也；心存稽古，用乃随时，并行不相悖，是谓通儒！"王鸣盛在这里谈的是如何读书、如何做学问，其要旨在"会通古今"四字。在他看来，儒者读书、做学问，常有两种类型，即俗儒和陋儒。前者知今不知古，后者知古不知今。王鸣盛认为，知古与知今，并行不相悖，读书做学问，要古今会通。

"读书十要"只是我学习古人读书观的几点体会，不能涵盖本书的全部内容，将其提炼出来，以供各位读者参考。

作者

2021 年 11 月